簡明勇著

律詩研究

文史哲出版社印行

律詩研究

著者：簡明勇
出版者：文史哲出版社
登記證字號：行政院新聞局局版臺業字〇七五五號
發行所：文史哲出版社
台北市羅斯福路一段七十二巷四號
郵撥〇五一二八八一二彭正雄帳戶
電話：三五一一〇二八
印刷者：文史哲出版社

實價新台幣三五〇元
七十九年九月五版

ISBN 957-547-015-x

序言

夫詩體繁矣夥矣，而律實居其一焉。溯其淵源，蓋肧胎於魏晉，孕育於南朝，而成形於唐初。至於中晚而大盛，鎔裁排比，炳煥詞林。歷宋、元、明、清，益宏斯道。近世以還，人多崇尚歐西，唾棄舊學。詩道既先陵夷，律體尤當其衝。夙昔錦句瑤章，概從摒棄。壯詞麗語，幾付灰燼。每念及此，未嘗不怒焉以憂，慨然而嘆也。其間固不乏博學鴻儒，工爲此體。且亦有亟謀所以恢復之者，然每苦於立論不易，以故於律詩之紹述，尙鮮專書。馴至青年後生，恒苦於不得其門而入。盱衡當世，竊謂詞苑所急，莫此爲先。

明勇素好律詩。見有佳構，輒吟詠不輟，靡間昕宵。然以旣乏師承，又匱良籍，徒深嚮往。及入研究所後，幸聆諸師之諄諄教誨，得以漸窺律詩之門徑，由是興趣愈濃。乃退而詳徵博引，旁搜遠攬，整理歸類，集腋擇精，遂成「律詩研究」。區區之意，非敢掠美前賢，聊欲稍盡補綴之功，以利初學，並饗同好而已。

全書所論，凡有九篇：首篇總論。闡明律詩之意義與種類，並推究其源流。次篇論律詩之聲律。三篇論律詩之韻律。四篇論律詩之對仗。五篇論律詩之修辭。字法、句法、章法、用典，統併其中。六篇論律詩之題材。七篇論律詩之風格。八篇論排律之作法。九篇畧論唐宋律詩作家及作品。至若元、明、清以降之律詩作家，雖亦不乏其人，然以端緒繁多，時日忽迫，不遑一一顧及，容待後日續成之。

余資質駑鈍。旣蒙瑞安　林師景伊之耳提面命。復蒙湘潭　李師漁叔之曲加指導批閱。經歷年餘，而成斯編。二師誘掖裁成之恩，感刻無旣。

屬當遠在臺島，有關典籍，搜求不易，以是紕繆闕漏，必不能免。所願儒林先進，詩壇名家，砭其瑕疵，匡其不正，補其不備，佐其不逮。雖一字之賜，敢不拜嘉。屬稿旣竟，謹述其崖畧於此。

簡明勇誌于國立臺灣師範大學國文研究所

律詩研究

目錄

律詩研究

簡明勇著

第一篇 總論

第一章 律詩之意義

律詩之意義，說者甚繁，有謂法律、紀律者，有謂六律、音律者。漢書律歷志曰：「律，法也。莫不取法焉。」新唐書杜甫傳曰：「唐興，詩人承隋風流，浮靡相矜，至宋之問、沈佺期研揚聲音，浮切不差，而號律詩。」元稹敍詩寄樂天書云：「聲勢沿順，屬對穩切者，爲律詩。」張表臣珊瑚鉤詩話曰：「沈宋而下，法律精切，謂之律詩。」錢木庵唐音審體曰：「律詩始自初唐，至沈宋，其格始備。律者六律也。謂其聲之協律也。如用兵之紀律，嚴不可犯也。」王世貞藝苑卮言曰：「五言律，六朝陰鏗、何遜、庾信已開其體，但至沈宋，始可稱律。律爲音律、法律、天下無嚴於是者。」王應奎柳南隨筆曰：「律詩起於初唐，而實胚胎於齊梁之世。南史陸厥傳所謂—五字之中，音韻悉異，兩句之中，角徵不同者—此聲病之所自始，而卽律之所本也。至沈宋兩家，加以平仄相儷，聲律益嚴，遂名之曰律詩。所謂律者，六律也。蓋指宮商輕重清濁而言，不特平而平，仄而仄也，卽平之聲，有輕有重，有清有濁；而仄之聲，亦有輕有重，有清有濁。少陵詩云：「晚節漸於詩律細」意必於此辨之至精耳。」歷觀諸家之說，或以紀律言、或以法律言、或以音律言，要知律詩爲諸體詩中較有規律之詩也。其所謂規律者蓋在聲律、韻律、對仗、句律、章法中求之也。既不同於古詩，復不同於絕句詩，更不同於現代新體詩。清英喬修靈答萬季詩問曰：「古詩不對偶、不論黏、不拘長短、韻法又寬，唐律悉反之。」此律詩不同於古詩者也；絕句與律詩雖同爲近體詩，然絕句每首僅只四句，律詩則必八句以上。此律詩不同於絕句者也；現代新體詩不論對偶、不定平仄、不拘長短、不求押韻，與唐律決然殊異。此律詩不同於現代新體詩者也。故律詩也者爲調平仄，拘對偶，鎔裁聲律，約句準篇之詩也。

第二章　律詩之種類

錢木庵唐音審體曰：「自二韻以至百韻，皆律詩也！二韻謂之絕句，六韻以上謂之長韻。馮班曰：『律詩多是四韻』古無明說，嘗推而論之，聯絕黏綴至於四句，首尾胸腹，俱已具足。如正格二聯，平平相黏也。中二聯，仄仄相黏也。至二轉而變有所窮，則已成篇矣，自高棅唐詩品彙出，人遂不知絕句是律詩。棅又創排律之名，益爲不典。古人所謂排比聲律者，排偶櫛比，聲和律整也。乃於四字中摘取二字，呼爲排律，於義何居？古人初無法名，今人竟以爲定格，而不知怪，可嘆也！」錢氏準此立論，故分律詩爲律詩五言論、律詩五言應制論、律詩五言長韻論、律詩五言聯句論、律詩五言絕句論、律詩六言論、律詩七言四韻論，律詩七言長韻論，律詩七言絕句論等九大類。

錢氏所分固屬詳細，然亦不敢苟同。其分律詩爲九大類，未免過煩。愚以爲律詩應分爲五言律詩、五言排律、七言律詩、七言排律等四大類。

律詩之分類

1. 五言律詩（簡稱五律）。
2. 七言律詩（簡稱七律）。
3. 五言排律。
4. 七言排律。

第三章 律詩之起源

律詩大盛於唐，歷宋元明淸諸朝，迄今不衰。追溯其起源，蓋非一二人之功，亦非一時之創獲。殆前有所承，轉相遞變而然也。就其氣體觀之，可謂孕育於晉代，萌芽於南北朝，而形成於唐初。茲就其對仗之研鍊，聲律之講究，韻律之限定，及句數之準式，以詳其歷史淵源。

第一節 對仗之研鍊與律詩之孕育

對仗之體，詩經楚辭中已有之。如「覯閔既多，受侮不少」（邶風柏舟）「發彼小豝，殪此大兕。」（小雅吉日）「春日遲遲，卉木萋萋」（小雅出車）「昔我往矣，楊柳依依；今我來思，雨雪霏霏」（小雅采薇）「舉世皆濁我獨清，衆人皆醉我獨醒」（楚辭漁父）「鳥次兮屋上，水周兮堂下」（楚辭湘君）；古詩十九首亦有對仗：如「胡馬依北風，越鳥巢南枝。」（行行重行行）「靑靑河畔草，鬱鬱園中柳」（靑靑河畔草）其他詩人亦偶有對仗，然俱是文勢使然，猶不過偶一見之而已。

刻意於對仗者，當首推晉人陸機，其文賦曰：「其會意也尙巧，其遣言也貴姸。」沈德潛說詩晬語曰：「士衡舊推大家，然道贍自足，而絢綵無方，遂開排偶一家。」是知陸機於排偶一派，實開先河。觀其爲詩，亦時用工對，或全篇屬對。如贈弟士龍一首云：

行矣怨路長，惄焉傷別促。指途悲有餘，臨觴歎不足。我若西流水，子爲東峙岳。
慷慨逝言感，徘徊居情育。安得攜手俱，契濶成騑服。

陸機而後，辭采愈加華靡，對偶愈趨工整。如晉謝靈運、宋謝脁諸人，其作品華靡工整，比諸陸機，尤有過之。茲各舉其詩四首，以資參證。

△石避精舍還湖中作詩　謝靈運

昏旦變氣候，山水含清暉。清暉能娛人，游子憺忘歸。
出谷日尚早，入舟陽已微。林壑斂暝色，雲霞收夕霏。
芰荷迭映蔚，蒲稗相因依。披拂趨南逕，愉悅偃東扉。
慮澹物自輕，意愜理無違。寄言攝生客，試用此道推。

△過始寧墅　謝靈運

剖竹守滄海，枉帆過舊山。山行窮登頓，水涉盡洄沿。
巖峭嶺稠疊，洲縈渚連綿。白雲抱幽石，綠篠媚清漣。

△初去郡　謝靈運

溯溪終水涉，登嶺始山行。野曠沙岸淨，天高秋月明。憩石挹飛泉，攀林搴落英。

△七里瀨　謝靈運

石淺水潺湲，日落山照曜。荒林紛沃若，哀禽相叫嘯。

△和王融登八公山　謝朓

二別阻漢坻，雙崤望河澳。茲嶺復巑岏，分區奠淮服。
東限琅琊臺，西距孟諸陸。阡眠起雜樹，檀欒蔭修竹。
日隱澗疑空，厚聚岫各複。出沒眺棲雉，靠近送春日。

△遊東田　謝朓

戚戚苦無悰，携手共行樂。尋雲陟累榭，隨山望菌閣。
遠樹曖阡阡，生煙紛漠漠。魚戲新荷動，鳥散餘花落。
不對芳春酒，還望青山郭。

△晚登三山還望京邑　謝朓

灞涘望長安，河陽視京縣。白日麗飛甍，參差皆可見。餘霞散成綺，澄江靜如練。喧鳥覆春洲，雜英滿芳甸。

△之宣城詩　謝朓

江路西南永，歸流東西騖。天際識歸舟，雲中辨江樹。

二謝之詩如上所列者，皆全篇整麗，無句不雙。其餘諸詩亦大抵相類。蓋遣詞日趨綺艷，造句時求工整，易樸素爲雕琢，化單行爲排偶，正乃晉宋之風習也。胡應麟詩藪曰：「晉宋之交，古今詩道大限乎！魏承漢後，雖浸尚華靡，而淳朴餘風，隱約尚在。……士衡、安仁一變而排偶開矣。靈運，延年再變而排偶盛矣。玄暉三變而排偶愈工，淳樸愈散，漢道盡矣。」

陸機、謝靈運、謝朓諸人，對法日趨嚴密。然此時言聲律者，對此尚無所論。至梁劉勰文心雕龍麗辭篇始有四對之法。其言曰：「至於詩人偶章，大夫聯辭，奇偶適變，不勞經營。自揚、馬、張、蔡，崇盛麗辭。如宋畫吳冶，刻形鏤法，麗句與深采並流，偶意共逸韻俱發。至魏晉羣才，析句彌密。聯字合趣，刻毫析釐，然契機者入巧，浮假者無功。故麗辭之體，凡有四對：言對爲易、事對爲難、反對爲優、正對爲劣。言對者，雙比空辭者也；事對者，並舉人驗者也；反對者，理殊趣合者也；正對者，事異義同者也。長卿上林云：「修容乎禮園，翺翔乎書圃。」此言對之類也。宋玉神女賦云：「毛嬙鄣袂，不足程式；西施掩面，比之無色。」此事對之類也。仲宣登樓云：「鍾儀幽而楚奏，莊舃顯而越吟。」此反對之類也。孟陽七哀云：「漢祖想枌榆，光武思白水。」此正對之類也。凡偶辭胸臆，言對所以爲易也；徵人之學，事對所以爲難也；幽顯同志，反對所以爲優也；並貴共心，正對所以爲劣也。又以事對，各有反正；指類而求，萬條自昭然矣。張華詩稱「游雁比翼翔，歸鴻知接翮。」劉琨詩言「宣尼悲獲麟，西狩涕孔丘。」若斯重出，即對句之駢枝也。是以言對爲美，貴在精巧；事對所先，務在允當。若兩事相配，而優劣不均；是驥在左驂，駑爲友服也。若夫事或孤立，莫與相偶，是夔之一足，踸踔而行也。若氣無奇類，文乏異釆，碌碌麗新，則昏睡耳目，必使理圓事密，聯璧其章；迭用奇偶，節以雜佩；乃其貴耳。類此而思，理斯見也。」

南北朝詩人文士，雖多用對偶，然未有規定格式。屬對之法，成於初唐上官儀之六對八對及元兢之六對。茲分述如下：

㈠李淑詩苑類格載有上官儀對偶說，惜已散佚，據詩人玉屑卷七引載曰：「唐上官儀曰：詩有六對：一曰正名對，天地日月是也；二曰同類對，花葉草芽是也；三曰連珠對，蕭蕭赫赫是也；四曰雙聲對，黃槐綠柳是也；五曰叠韻對，彷徨放曠是也；六曰雙擬對，春樹秋池是也。」又曰：「詩有八對：一曰的名對，送酒東南去，迎琴西北來是也；二曰：異類對，風織池間樹，蟲穿草上文是也；三曰：雙聲對，秋露香佳菊，春風馥麗蘭是也；四曰叠韻對，放蕩千般意，遷延一介心是也；五曰聯綿對，殘河若帶，初月如眉是也；六曰雙擬對，議月眉欺月，論花頰勝花是也；七曰回文對，情新因意得，意得逐情新是也；八曰隔句對，相思復相憶，夜夜淚沾衣，空歎復空泣，朝朝君未歸是也。」

㈡元兢六對見日僧遍照金剛文鏡秘府論廿九種對之第十二至第十七。書中注明「元兢髓腦。」其六對爲：一曰平對——「平對者若青山綠水，此平常之對，故曰平對也，他皆放此。」二曰奇對——「奇對者馬頰河、熊耳山。馬熊是獸名，頰耳是形名，既非平常，是爲奇對，他皆放此。」三曰同對——「同對者，若大谷廣陵，薄雲輕霧；此大與廣，薄與輕，其類是同，故謂之同對。」四曰字對——「或曰：字對者，若桂楫、荷戈；荷是負之義，以其字草名，故與桂爲對，不用義對，但取字爲對也。或曰：字對者謂義別字對也。」五曰聲對——「或曰：聲對者若曉路秋霜，路是道路，與霜非對，以其與露同聲故。或曰聲對者，謂字義俱別，聲作對是也。」六曰側對——元氏曰：「側對者若馮翊龍首，此爲馮字半邊有馬，與龍爲對，翊字半邊有羽，與首爲對，此爲側對。或曰：側對者，謂字義俱別，形體半同是也。」

崔融三對，皎然八對之說，亦見於文鏡秘府論，茲不贅述。然於斯殆可畧觀唐代對仗法講求之盛況矣。

第二節　聲律之用忌與律詩之醞釀

反切之學，始於漢末孫炎；炎爲爾雅音義，變古人讀若某與讀某同之例，以二字音相切而成一音也。上一字爲雙聲，下一字爲疊韻。如「何不爲盍。」、「而已爲耳。」之類（陳澧切韻考）顏氏家訓謂：「孫叔然創爾雅音義，是漢末人獨知反語，至於魏世，此事大行，自茲厥後，音韻鋒出」魏晉之際，魏李登著有聲類，晉呂靜作有韻集，惜書皆不傳，今已無考。迨沈約著四聲譜，始倡平上去入四聲。至齊永明末益趣邃密。南史齊書沈約傳曰：「約撰四聲譜，以爲在昔詞人，累千載而不悟；而獨得胸衿，窮其妙旨，自謂入神之作。」陸厥傳曰：「永明末，盛爲文章，吳興沈約，陳郡謝朓，瑯琊王融，以氣類相推轂，汝南周顒，善識聲韻，約等爲文，皆用宮商，以平上去入四聲，以此制韻，不可增減，世呼爲永明體。」蔡寬夫詩話曰：「聲韻之興，自謝莊、沈約以來，其變日多，四聲之中，又別其清濁，以爲雙聲。一韻者以爲疊韻。蓋以輕重爲清濁耳。所謂前有浮聲，後須切響也。」自沈約四聲譜，周顒四聲切韻，永明諸家講究聲律，影響所及，士人爲詩亦力求聲韻之諧和矣。劉師培中古文學史嘗曰：「音律由疏而密，悉本自然，非由强致，試卽南朝之文審之，四六之體，粗備於范曄、謝莊，成於王融謝朓。而王謝亦復漸開律體，影響所及，迄於隋唐，文則悉成四六，詩則別爲近體，不可謂非聲律論開其先也。」是聲律韻律之發明，實爲律體形成之重要因素。

言沈約創八病之說者，當首推日人遍照金剛。遍照金剛生於日本寶龜五年（唐大歷九年），曾於唐時留學中國，著有文鏡秘府論。其書並有唐鈔本。清楊守敬留日時，得此鈔本還。書中論釋八病頗詳。除引沈氏所釋八病外，復引王斌、劉滔、劉善經、元兢等人有關八病之說。

中文載籍中，梁鍾嶸詩品僅有「蜂腰」、「鶴膝」二名。南史陸厥傳亦僅及平頭、上尾、蜂腰、鶴膝四名。隋王通文子中天地篇曰：「上陳應劉、下述沈謝，四聲八病，剛柔清濁，各有端序。」雖有「八病」之詞，而缺說明。封演封氏聞見記曰：「永明中沈約文詞精拔，盡解音律，遂撰四聲譜，文章八病，有平頭、上尾、蜂腰、鶴膝，以為自靈均以來，此祕未睹。」詩苑類格曰：「沈約曰：『詩病有八——平頭、上尾、蜂腰、鶴膝、大韻、小韻、旁紐、正紐。』宋魏慶之詩人玉屑卷十一亦載沈約詩病有八——平頭、上尾、蜂腰、鶴膝、大韻、小韻、旁紐、正紐等。

由六朝詩人八病之避忌，詩則漸成律體，王世貞藝苑巵言曰：「休文之拘滯，正與古體相反，惟與近體差有關耳。」茲就平頭、上尾、蜂腰、鶴膝之忌與律詩之關係說明如下：

壹、平頭詩者，五言詩之第一字與第六字同聲，第二字與第七字同聲也。欲避平頭之病，則第一字不得與第六字同平仄，第二字不得與第七字同平仄也。由此引伸則形成律詩每聯之出句與對句不得同平仄也。若出句為仄仄平平仄，則對句必須平平仄仄平；若出句為平平平仄仄則對句必須仄仄仄平平。是平頭之避忌為律詩每聯出句與對句平仄相反之理論根據也。

貳、上尾詩者，五言詩第五字與第十字同聲也。欲避上尾之病，則第五字不得與第十字同聲。由此引伸則形成律詩每聯出句句脚不得與對句句脚同平仄。是上尾之避忌為律詩出句句脚用仄聲，對句句脚用平聲之理論根據也。

參、蜂腰詩者，五言詩一句之中，第二字與第五字同聲也。此病與律詩似不盡相關。然文鏡秘府論又引劉善經之言曰：「第二字與第四字同聲亦不能善，此雖世無的目，而甚於蜂腰」。劉氏之說雖不列屬於八病，然為蜂腰之引伸。影響所及，則形成律詩每句第二字不得與第四字同平仄。如「平平平仄仄」、「平平仄仄平」、「仄仄平平仄」、「仄仄仄平平」等均無二四同平仄之犯。是劉氏此說為律詩每句中第二四兩字平仄相異之理論根據也。

肆、鶴膝詩者，五言詩中第五字與第十五字同聲也。欲避鶴膝之病，則第五字不得與第十五字同平上去入四聲。由此引伸則形成律詩上聯出句句脚不得與下聯出句句脚同平上去入四聲。是鶴膝之避忌為律詩出句句脚四聲遞用說之理論根據也。

第三節　八句之定式與律詩之完成

陸機、謝靈運大開對仗之路，沈約、王融、謝朓等用忌聲病，范雲、庾信、沈君攸之等復一韻律，由是詩則趨向排偶整儷，平仄黏對，押韻統一之律體。楊升庵選詩外篇曰：「詩自黃初正史之後，謝客以俳章偶句倡于永嘉，隱侯以切響浮聲傳於永明，操觚輇才，靡然從之。」又曰：「六代之作，其旨趣雖不足影響大雅，而其體裁實景雲垂拱之先驅，開元天寶之濫觴也。」胡震亨唐音癸籤曰：「自古詩漸作偶對，音節亦漸叶而諧。宮體而降，其風彌盛。徐、庾、陰、何，以及張正見、江總持之流，或數聯獨調，或全篇通穩，雖未有律之名，已寖具律之體。」茲舉六朝詩數首，以證律詩於六朝試作幾近成功之階段。

△奉和隨王殿下　謝朓

年華豫已滌，夜艾賞方融。新萍時合水，弱草未勝風。
閨幽瑟易響，臺迥月難中。春物廣餘照，蘭萱佩未窮。

△携手曲　沈約

捨轡下雕輅，更衣奉玉牀。斜簪映秋水，開鏡比春妝。
所畏紅顏促，君恩不可長。鵕冠且容裔，豈吝桂枝亡。

△折楊柳　徐陵

嫋嫋河堤樹，依依魏主營。江陵有舊曲，洛下作新聲。
妾對長楊苑，君登高柳城。春還應共見，蕩子太無情。

△秋日別庾正員　徐陵

征途轉愁旆，進騎慘停鑣。朔氣凌疎木，江風送上潮。
青雀離帆遠，朱鳶別路遙。唯有當秋月，夜夜上河橋。

△七夕　庾肩吾

玉匣卷懸衣，針樓開夜扉。姮娥隨月落，織女逐星移。
離分忿促夜，別後對空機。倩語雕陵鵲，塡河未可飛。

△侍宴　庾肩吾

沐道逢將聖，飛觴屬上賢。仁風開美景，瑞氣動非煙。
秋樹翻黃葉，寒池墮黑蓮。承恩謝命淺，念報在身前。

△詠懷　庾信

蕭條亭障遠，悽慘風塵多。關門臨白狄，城影入黃河。
秋風別蘇武，寒水送荊軻。誰言氣蓋世？晨起帳中歌。

△舟中望月　庾信

舟子夜離家，開舲望月華。山明疑有雪，岸白不關沙。
天漢看珠蚌，星橋似桂花。灰飛重暈闕，蓂落獨輪斜。

△晚出新亭　陰鏗

大江一浩蕩，離悲足幾重。潮落猶如蓋，雲昏不作峯。
遠戍唯聞鼓，寒山但見松。九十方稱半，歸途詎有蹤。

△晚泊五洲　陰鏗

客行逢日暮，結纜晚舟中。戍樓因碪險，村路入江窮。
水隨雲度黑，山帶日歸紅。遙憐一柱觀，欲輕千里風。

△日夕出富陽浦口和郎公　何遜

客心愁日暮，徒倚空望歸。山煙涵樹色，江水映霞輝。

獨鶴凌空逝，雙鳧出浪飛。故鄉千餘里，茲夕寒無衣。

△慈姥磯　何遜

暮煙起遙岸，斜日照安流。一同心賞夕，暫解去鄉憂。
野岸平沙合，連山近霧浮。客悲不自已，江上望歸舟。

△三善殿夜望山燈　江總

百花疑吐夜，四照似含春。的的遠星出，亭亭向月新。
採珠非合浦，贈珮異江濱。若任扶桑路，堪言並日輪。

綜觀前舉諸詩，殆不難見古體變爲近體之跡。然皆辭人之所爲，其着句調聲，並多未趨於一致，尚無一共同遵守之規式，故未可遽視爲五律之定體也。

七律之醞釀較晚於五律，南北朝七律作者鮮少。梁簡文帝之春情曲，頗具七律之雛形，然末二句爲五言，體式未純。而庾信之烏夜啼，隋煬帝之江都宮樂歌較爲具體。堪爲七律創始。

△春情曲　梁簡文帝

蝶黃花紫燕相追，楊低柳合路塵飛。已見垂鈎掛綠樹，誠知淇水霑羅衣。
兩童夾車問不已，五馬城南猶未歸。鶯啼春欲駛，無爲空掩扉。

△烏夜啼　庾信

促柱繁絃非子夜，歌聲舞態異前溪。御史府中何處宿，洛陽城頭那得棲？
彈琴蜀郡卓家女，織錦秦川竇氏妻。詎不自驚長淚落，到頭啼烏恒夜啼。

△江都宮樂歌　隋煬帝

揚川舊處可淹留，臺榭高明復好遊。風亭芳樹迎早夏，長臯麥隴送餘秋。
淥潭桂檝浮青雀，果下金鞍躍紫騮。綠觴素蟻流霞飲，長袖清歌樂戲州。

上舉諸詩雖屬七律之雛形，亦爲稀見，自屬偶合，不爲七律定體也。

五律、七律成爲定體，說者均以爲創於初唐沈佺期、宋之問。新唐書宋之問傳曰：「漢建安後迄江左，詩律屢變，至沈約庾信，以音韻相婉附，屬對精密，及宋之問、沈佺期，又加靡麗，回忌聲病，約句準篇，如錦繡成文，學者宗之，號爲沈宋。」嚴羽滄浪詩話曰：「風雅頌一變而爲離騷，再變而爲兩漢五言，三變而爲歌行雜體，四變而爲沈宋律詩。」王世貞藝苑巵言曰：「五言至沈宋始可稱律，律爲音律法律，天下無嚴於是者，知虛實平仄而法明矣，二君正是敵手。」趙翼甌北詩話曰：「自古詩十九首以五言傳，柏梁以七言傳，於是才士專以五七言爲詩，然漢魏以來尚多散行，不尚對偶。自謝靈運輩，始以屬對爲工，已爲律詩開端，沈約輩又分別四聲，創爲蜂腰、鶴膝之說，而律體始備，至唐初沈宋諸人，益講求聲病，於是五七律遂成一定格式，如圓之有規，方之有矩，雖聖賢復起，不能改易矣。」玆舉沈宋律詩於下，以資參證。

壹、五律

△雜詩三首之一　沈佺期

聞道黃龍戍，頻年不解兵。可憐閨裏月，長在漢家營。少婦今春意，良人昨夜情。誰能將旗鼓，一爲取龍城。

△被試出塞　沈佺期

十年通大漠，萬里出長平。塞日生戈劍，陰雲拂旆旌。饑烏啼舊壘，疲馬戀空城。辛苦臯蘭北，胡霜損漢兵。

△渡吳江別王長史　宋之問

倚棹望玆川，銷魂獨黯然。鄉連江北樹，雲斷日南天。劍別龍初沒，書歸雁不傳。離舟無限意，催渡復催年。

△途中寒食　宋之問

馬上逢寒食，愁中屬暮春。可憐江浦望，不見洛陽人。北極懷明主，南溟作逐臣。故園腸斷處，日夜柳條新。

貳、七律

△古意呈補闕喬知之　　沈佺期

盧家少婦鬱金香，紫燕雙棲玳瑁梁。九月寒砧催木葉，十年征戍憶遼陽。白狼河北音書斷，丹鳳城南秋夜長。誰謂含愁獨不見，更教明月照流黃。

△和趙員外桂陽橋遇佳人　　宋之問

江雨朝飛浥細塵，陽橋花柳不勝春。金鞍白馬來從趙，玉面紅妝本姓秦。妬女猶憐鏡中髮，侍兒堪感路旁人。蕩舟爲樂非吾事，自嘆空閨夢寐頻。

細覽上列數詩，其平仄之婉附，對仗之精密，押韻之嚴謹均，臻極致。故謂沈佺期、宋之問爲律詩創作者，誠屬定論。

第二篇　律詩之聲律研究

第一章　律詩定體

律雖不止平仄一端，然平仄實聲之所自出，平仄在，律亦寓焉，平仄不諧，音節斯乖。古之論詩者夥矣。然於此鮮有專論，降至清季，王世禎著律詩定體，始於平仄言之甚詳，爲後學所宗。茲錄如下，以供參閱。

第一節　五律定體

壹、五言仄起不入韻（正格）

首聯
第一句　十|×—|
　　　　粉署依丹禁。
第二句　×—||—
　　　　城虛爽氣多。（如單句依字拗用仄，則雙句爽字必拗用平。）

頷聯
第三句　十—×||
　　　　好風天上至。（如上字拗用平，則第三字必用仄救之，古人第三句拗用者多，若第四句則不可）。
第四句　十|：——
　　　　涼雨曉來過。

頸聯—（第五句　十|×一|　翠島浮香靄。
　　　（第六句　×一||一　瑤池瀲綠波。

尾聯—（第七句　十一×||　九重閒視草。
　　　（第八句　十|：一一　時復幸鸞坡。（注乃單拗雙拗之法）

註平仄符號說明

一　平聲者。　　| 仄聲者。　　十　仄平可互換者

×　平不可易為仄者。　　：　仄不可易為平者。

凡可不論者（按：此指第一字第三字而言）勿論。二四定式只作一—（按因二四本為不可易之故也）五律。凡雙句二四應平仄者，第一字必用平。斷不可雜以仄聲。以平平止有二字相連，不可令單也。其二四應仄平者，第一字平仄皆可用。以仄仄仄三字相連，換以平聲無妨也。大約仄可換平，平斷不可換仄。第三字同此。若單句第一字，可勿論。

貳、五言仄起入韻（偏格）

首聯—（第一句　十|：一一　夏過日初長。
　　　（第二句　×一||一　連朝雨送涼。

頷聯—（第三句　十一×||　捲簾書帙靜。
　　　（第四句　十|：一一　開戶燕泥香。

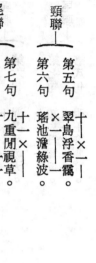

頸聯
第五句　十｜×一｜　賜果來東閣。
第六句　×一｜｜一　分冰近玉牀。

尾聯
第七句　十一×｜｜　小臣叨侍從。
第八句　十｜：一一　屢得被恩光。

參、五言平起不入韻（正格）

首聯
第一句　十一×｜｜　桂枝家共折。
第二句　十｜：一一　鷄樹代相傳。

頷聯
第三句　十｜×一｜　忝向鸞臺下。
第四句　×一｜｜一　仍看雁影連。

頸聯
第五句　十一×｜｜　夜閒方步月。
第六句　十｜：一一　漏盡欲朝天。

尾聯
第七句　十｜×一｜　知去丹墀近。
第八句　×一｜｜一　明王許薦賢。

肆、五言平起入韻（平起入韻者少與仄起入韻同）（偏格）

首聯
- 第一句　×—||—
  花枝暖欲舒。
- 第二句　十|•——
  粉署夜方初。

頷聯
- 第三句　十|×—|
  世職推傳盛。
- 第四句　×—||—
  春刑是減餘。

頸聯
- 第五句　十—×||
  芸香能護字。
- 第六句　十|•——
  鉛槧喜呈書。

尾聯
- 第七句　十|×—|
  此地從頭白。
- 第八句　×—||—
  經年望雉車。

第二節　七律定體

壹、七言平起不入韻（偏格）

首聯
- 第一句　—十|×—|
  振衣直上江天閣。（直字可平，凡仄可使單。）
- 第二句　|×—|—
  懷古仍登海嶽樓。（仍字關係）

頷聯——
第三句　三楚風濤盃底合。　|+一×|
第四句　九江雲物坐中收。　一+|:一一

頸聯——
第五句　石簰落照翻孤影。　一+|×一|
第六句　玉帶山門訪舊遊。　|×一||一　（山字關係）

尾聯——
第七句　我醉吟詩最高頂。　|×一:一|　（五六兩字本宜平仄而最高二字係仄平所謂單句第六字拗用平則第五字必用仄以救之與五四三四一例）
第八句　蛟龍驚起暮潮秋。　一+|:一一

凡七言第一字，俱不論。第三字與五言第一字同例。凡雙句第三字應仄聲者，可換平聲，應平者不可換仄聲。

貳、七言平起入韻（正格）

首聯——
第一句　輕陰小雨夜連晨。　一+|:一一
第二句　中使傳呼散紫宸。　|×一||一

頷聯——
第三句　天氣薰蒸疑作署。　|+一×|
第四句　風光廻轉欲留春。　一+|:一一

頸聯：
—十|×—|
第五句　班分聲道花迎佩。
|×—||—
第六句　仗出宮牆柳映人。

尾聯：
|十—×||
第七句　獨喜聯鑣歸去早。
—十|:——
第八句　六街消盡馬蹄塵。

叁、七言仄起入韻（正格）

首聯：
|×—||—
第一句　待且金門漏未稀。（金字必平，凡平不可令單，此字關係起句，不比三五七句）
—十|:——
第二句　雞鳴月落露霏霏。

頷聯：
—十|×—|
第三句　珠璣燦列星文動。
|×—||—
第四句　儉佩森嚴綵仗飛。（森字關係）

頸聯：
|十—×||
第五句　十二鳳樓開瑞色。
—十|:——
第六句　三千鳧舄慶垂衣。

尾聯：
—十|×—|
第七句　太平有道凝旒日。
|×—||—
第八句　萬國風雲護紫微。（風字關係）

肆、七言仄起不入韻（偏格）

首聯
第一句　不見閉門陳正字。　|十一×||
第二句　嶺雲江樹五年餘。　一十|:一一

頷聯
第三句　秋風欲下華陽館。　一十|×一|
第四句　粵客纔通尺素書。　|×一||一

頸聯
第五句　蒲澗紅泉應不改。　|十一×||
第六句　羅浮翠羽夢全疏。　一十¦:一一

尾聯
第七句　天南耆舊今頭白。　一十|×一|
第八句　珍重新詩獨起予。　|×一||一

第二章　平仄譜

第一節　五律平仄譜

壹、仄起式首句不入韻平仄譜（正格）

首聯
第一句　仄仄平平仄　（起下句）
第二句　平平仄仄平（韻）（對一句）

頷聯　第三句　平平平仄仄　（黏二句）
　　　第四句　仄仄仄平平　（韻）　（對三句）　對仗

頸聯　第五句　仄仄平平仄　（黏四句）
　　　第六句　平平仄仄平　（韻）　（對四句）　對仗

尾聯　第七句　平平平仄仄　（黏六句）
　　　第八句　仄仄仄平平　（韻）　（對七句）

貳、仄起式首句入韻平仄譜　（偏格）

首聯　第一句　仄仄仄平平　（韻）　（起下句）
　　　第二句　平平仄仄平　（韻）　（對一句）

頷聯　第三句　平平平仄仄　（黏二句）
　　　第四句　仄仄仄平平　（韻）　（對三句）　對仗

頸聯　第五句　仄仄平平仄　（黏四句）
　　　第六句　平平仄仄平　（韻）　（對五句）　對仗

尾聯　第七句　平平平仄仄　（黏六句）
　　　第八句　仄仄仄平平　（韻）　（對七句）

案：此式與仄起式正格平仄譜同，唯第一句之平仄不同而已。

叁、平起式首句不入韻平仄譜　（正格）

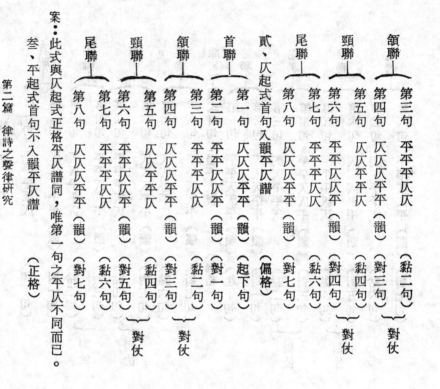

首聯
第一句　平平平仄仄　（起下句）
第二句　仄仄仄平平　（韻）　（對一句）

頷聯
第三句　仄仄平平仄　（黏二句）
第四句　平平仄仄平　（韻）　（對三句）　對仗

頸聯
第五句　平平平仄仄　（黏四句）
第六句　仄仄仄平平　（韻）　（對五句）　對仗

尾聯
第七句　仄仄平平仄　（黏六句）
第八句　平平仄仄平　（韻）　（對七句）

肆、平起式首句入韻平仄譜（偏格）

首聯
第一句　平平仄仄平　（韻）　（起下句）
第二句　仄仄仄平平　（韻）　（對一句）

頷聯
第三句　仄仄平平仄　（黏二句）
第四句　平平仄仄平　（韻）　（對三句）　對仗

頸聯
第五句　平平平仄仄　（黏四句）
第六句　仄仄仄平平　（韻）　（對五句）　對仗

尾聯
第七句　仄仄平平仄　（黏六句）
第八句　平平仄仄平　（韻）　（對七句）

案：此式與平起式正格平仄譜同，唯第一句平仄不同而已。

第二節　七律平仄譜

壹、平起式首句入韻平仄譜（正格）

首聯
- 第一句　平平仄仄仄平平（韻）（起下句）
- 第二句　仄仄平平仄仄平（韻）（對一句）

頷聯
- 第三句　仄仄平平平仄仄　（黏二句）
- 第四句　平平仄仄仄平平（韻）（對三句）　} 對仗

頸聯
- 第五句　平平仄仄平平仄　（黏四句）
- 第六句　仄仄平平仄仄平（韻）（對五句）　} 對仗

尾聯
- 第七句　仄仄平平平仄仄　（黏六句）
- 第八句　平平仄仄仄平平（韻）（對七句）

貳、平起式首句不入韻平仄譜（偏格）

首聯
- 第一句　平平仄仄平平仄　（起下句）
- 第二句　仄仄平平仄仄平（韻）（對一句）

頷聯
- 第三句　仄仄平平平仄仄　（黏二句）
- 第四句　平平仄仄仄平平（韻）（對三句）　} 對仗

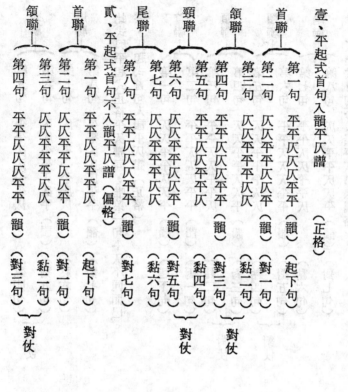

聯	句	平仄	韻	關係	
頸聯	第五句	平平仄仄平平仄		（黏四句）	對仗
	第六句	仄仄平平仄仄平	（韻）	（對五句）	
尾聯	第七句	仄仄平平平仄仄		（黏六句）	
	第八句	平平仄仄仄平平	（韻）	（對七句）	

案：此式與平起式正格平仄譜同，唯第一句平仄不同而已。

參、仄起式首句入韻平仄譜（正格）

聯	句	平仄	韻	關係	
首聯	第一句	仄仄平平仄仄平	（韻）	（起下句）	
	第二句	平平仄仄仄平平	（韻）	（對一句）	
頷聯	第三句	平平仄仄平平仄		（黏二句）	對仗
	第四句	仄仄平平仄仄平	（韻）	（對三句）	
頸聯	第五句	仄仄平平平仄仄		（黏四句）	對仗
	第六句	平平仄仄仄平平	（韻）	（對五句）	
尾聯	第七句	平平仄仄平平仄		（黏六句）	
	第八句	仄仄平平仄仄平	（韻）	（對七句）	

肆、仄起式首句不入韻平仄譜（偏格）

聯	句	平仄	韻	關係
首聯	第一句	仄仄平平平仄仄		（起下句）
	第二句	平平仄仄仄平平	（韻）	（對一句）

頷聯
第三句　平平仄仄平平仄（黏二句）
第四句　仄仄平平仄仄平（韻）（對三句）　對仗

頸聯
第五句　仄仄平平平仄仄（黏四句）
第六句　平平仄仄仄平平（韻）（對五句）　對仗

尾聯
第七句　平平仄仄平平仄（黏六句）
第八句　仄仄平平仄仄平（韻）（對七句）

案：此式與仄起式正格平仄譜同，唯第一句平仄不同而已。

第三章　平仄譜詩例

第一節　五律平仄譜詩例

壹、仄起式不入韻平仄譜

△「馬上逢寒食，愁中屬暮春。可憐江浦望，不見洛陽人！北極懷明主，南溟作逐臣。故園腸斷處，日夜柳條新。」（宋之問途中寒食）

第三句「可」字，第七句「故」字，當平用仄外，餘均合譜。

△「晚起家何事？無營地轉幽。竹光團野色，舍影漾江流。失學從兒懶，長貧任婦愁。百年渾得醉，

｜｜｜——
一月不梳頭。」（杜甫屏迹）

案：除第三句「竹」字，第七句「百」字，當平用仄外，餘均合譜。

貳、仄起式首句入韻平仄譜

｜｜｜——　——｜｜—　十——｜｜　｜｜｜——　｜｜——｜　——｜｜—　十——｜｜
△「戍鼓斷人行，邊秋一雁聲。露從今夜白，月是故鄉明。有弟皆分散，無家問死生。寄書長不達，

｜｜｜——
況乃未休兵。」（杜甫月夜憶舍弟）

案：除第三句「露」字，第七句「寄」字當平用仄外，餘均合平仄譜。

｜｜｜——　——｜｜—　——十｜｜　｜｜｜——　｜｜——｜　——｜｜—　———｜｜
△「萬壑樹參天，千山響杜鵑。山中一夜雨，樹杪百重泉。漢女輸橦布，巴人訟芋田。文翁翻教授，

｜｜｜——
不敢倚先賢。」（王維送梓州李使君）

案：除第三句「一」字當平用仄外，餘均合平仄譜。

參、平起式首句不入韻平仄譜

———｜｜　｜｜｜——　｜｜——｜　——｜｜—　———｜｜　｜｜｜——　｜｜——｜
△「傷心仍客處，病起卻花朝。草嫩侵沙短，冰輕著雨銷。風光知可愛，客鬢不相饒。早晚丹邱伴，

——｜｜—
飛書肯見招？」（司空圖早春）

案：本首詩均合平仄譜。

———｜｜　｜｜｜——　｜｜——｜　——｜｜—　———｜｜　｜｜｜——　｜｜——｜
△「高樓聊引望，杳杳一川平。野水無人渡，孤舟盡日橫。荒村生斷靄，古寺語流鶯。舊業遥清渭，

——｜｜—
沈思忽自驚。」（寇準春日登樓懷歸）

案：本首詩均合平仄譜

肆、平起式入韻平仄譜

——｜｜—　｜｜｜——　｜｜——｜　——｜｜—　＋——｜｜　｜｜｜——　｜｜——｜

△「巖雲掩竹扉，去鳥帶餘暉。地僻生涯薄，山居俗事稀。養花分宿雨，剪葉補秋衣。野渡逢漁子，

——｜｜—

同舟蕩月歸。」（戴叔倫山居卽事）

案：除第五句「養」字當平用仄外，餘均合平仄譜。

——｜｜—　｜｜｜——　｜｜——｜　——｜｜—　———｜｜　｜｜｜——　｜｜——｜

△「蟬聲未發前，已自感流年。一入淒涼耳，如聞斷續絃。晴清依露葉，晚急畏霞天。何事秋卿詠，

——｜｜—

逢時亦悄然。（劉禹錫答白刑部聞新蟬）

案：除第七句「何」字當仄用平外，餘均合平仄譜。

第二節　七律平仄譜詩例

壹、平起式首句入韻平仄譜

——｜｜———　＋｜——｜｜—　｜｜——｜｜｜　——｜｜｜——　——｜｜——｜

△「岧嶢太華俯咸京，天外三峯削不成。武帝祠前雲欲散，仙人掌上雨初晴。河山北枕秦關險，

｜｜——｜｜—　｜｜＋——｜｜　——｜｜｜——

驛路西連漢畤平。借問路旁名利客，何如此處學長生。」

（崔顥行經華陰）

案：除第二句第一字「天」當仄用平，第七句第三字「路」當平用仄外，餘均合譜。

貳、平起式首句不入韻平仄譜

△——||——|||——||—||——|||——||——||——|
「胡塵已滅天山外，閉閣陰陰日復曛。櫪上驊騮斷鼓角，門前老將識風雲。旌旗四面高秋見，
十|——||—||十——||—十|||——
絲竹千家靜夜聞。莫道古來多計策，功成唯有李將軍。」

（耿湋上裴行軍中丞）

案：此詩前半首均合譜；後半首除第六句「絲」字，當仄用平，第七句「古」字，當平用仄，第八句「唯」字，當仄用平外，餘亦均合譜。

叁、仄起式首句入韻平仄譜：

||——||———十||————||——|||——||—||———||
「颯颯東風細雨來，芙蓉塘外有輕雷。金蟾齧鏁燒香入，玉虎牽絲汲井迴。賈氏窺簾韓掾少，
十—十||————||——|||——||—
宓妃留枕魏王才。春心莫共花爭發，一寸相思一寸灰。」

（李商隱無題）

案：此詩除第二句「塘」字當仄用平，第六句「宓」字當平用仄、「留」字當仄用平外，餘均合譜。

肆、仄起式首句不入韻平仄譜

△||———||——|||————||——|||——||———||
「降鶴池前迴步輦，栖鸞樹杪出行宮。山光積翠遙疑逼，水態含青近若空。直視天河垂象外，
十—十||————||——|||——||—
俯窺京室晝圖中。皇歡未使恩波極，日暮樓船更起風。」

（蘇頲興慶池侍宴應制）

案：此詩前半首均合譜；後半首除第六句「俯」字當平用仄，「京」字當仄用平外，餘亦均合譜。

第四章　平仄譜條例

第一節　總論條例

△律詩每首八句。每句五字者稱爲五言律詩，或簡稱五律，全首共四十字；每句七字者稱爲七言律詩，或簡稱七律，全首共五十六字。

△律詩兩句相配稱爲一聯。全首八句共分四聯，其各聯之名稱如下：

第一句、第二句	首聯（起聯、起句、發句、破題）	
第三句、第四句	頷聯（前聯、撼聯）	併稱中聯
第五句、第六句	頸聯（後聯、驚聯）	併稱中聯
第七句、第八句	尾聯（結聯、末聯、結句、落句）	

△每聯之上句（卽第一句、第三句、第五句、第七句），稱爲出句；每聯之下句（卽第二句、第四句、第六句、第八句），稱爲對句。第一句有時特稱首句或起句。

△律詩每兩字爲一音節。五律分爲三節：第一二字稱爲頭節、第三四字稱爲腹節、第五字稱爲脚節；七律分爲四節：第一二字稱爲頂節、第三四字稱爲頭節、第五六字稱爲腹節、第七字稱爲脚節。

△每一音節中又分上字及下字。

五律：平（上字）平（下字）｜仄（上字）仄（下字）｜平

頂節｜頭節｜腹節｜脚節

七律：仄（上字）仄（下字）｜平（上字）平（下字）｜仄（上字）仄（下字）｜平

第二節　平仄條例

△平起式、仄起式之稱依第一句第二字之平仄而定，第二字爲平聲者稱曰平起式。第二字若爲仄聲者稱曰仄起式。

△詩聲調有平、上、去、入四種。作詩分平仄二類：平調爲平，上去入三調爲仄。凡仄聲字用上去入均可。

△每聯對句平仄往往與出句平仄相反，如

出句——平平仄仄平平仄

對句——仄仄平平仄仄平

△每聯出句之第二字、第四字與對句之第二字、第四字之平仄相反稱爲「對」，否則稱爲「失對」。

△下聯出句第二字、第四字與上聯對句第二字、第四字之平仄相同，稱爲「黏」，若平仄相反，則稱爲「失黏」。

△失對、失黏均爲律詩之忌，是爲變體。

△律詩中平仄未依平仄譜之規定者，稱爲拗體。

△律詩最忌「孤平」。所謂孤平者卽兩仄間挾一平字之謂也。

如七律：(1)仄仄仄平。仄仄平　(2)平仄仄平。仄仄平

五律：(1)仄平仄仄平(2)仄仄仄平仄

△若句中最上字（第一字）及脚節之平聲，則不稱爲孤平。

△仄聲可令單，平聲不可令單。

△每句末三字均平聲者稱爲「平三聯」。

△每句末三字均仄聲者稱爲「仄三聯」。

△五律之平三聯、仄三聯較七律平三聯、仄三聯，爲詩家所忌。

△若首句不入韻，則平仄譜中後四句之平仄與前四句之平仄式相同。卽頸聯與首聯相同，尾聯與頷聯相同。

△「一三五不論」之說，見於元朝劉鑑切韻指南書後所載之口訣。薑齋詩話以爲不可恃爲典要。然燈記聞評其怪誕之極。蓋「一三五不論」易犯「孤平」。若有拗救或不犯孤平，自無不可也。

△律詩平仄式由四種基本型式變化而成。此四式由四言之「平平仄仄」、「仄仄平平」延伸而生。四言「平平仄仄」中加平聲卽爲五言之「平平平仄仄」，下加平聲卽爲五言之「平平仄仄平」；四言之「仄仄平平」，中加仄聲卽爲五言之「仄仄仄平平」，下加仄聲卽爲五言之「仄仄平平仄」。

四言二式		五言四式
㈠平平仄仄	中加平聲	平平平仄仄㈠
	下加平聲	平平仄仄平㈡
㈡仄仄平平	中加仄聲	仄仄仄平平㈢
	下加仄聲	仄仄平平仄㈣

△七律平仄基本型式亦僅四種。卽於五律四種基本式上加二字與五律頭節下字平仄相反而成。

㈠五言：　平平平仄仄（律詩定體作仄平平仄仄）

七言：仄仄平平平仄仄

五言：　平平仄仄平

㈡七言：仄仄平平仄仄平

五言：　仄仄仄平平（律詩定體作平仄仄平平）

㈢七言：平平仄仄仄平平

五言：　仄仄平仄仄

㈣七言：平平仄仄平平仄

第五章　平仄譜之互用

律詩全首四聯之平仄，自當於平仄譜之同一式中取之。若第一聯用平起式，則餘三聯均須用平起式平仄譜中所規定之平仄；若第一聯用仄起式，則餘三聯均須用仄起式平仄譜中所規定之平仄。然亦有雜用二式者。茲舉例說明如下：

第一節　起聯平起式

壹、起聯用平起式，領聯以下用仄起式之平仄者：

一一丨丨一　丨丨丨一一
△單車欲問邊，屬國過居延。——用平起式譜首聯之平仄。
一一丨丨丨　一丨丨一一
征蓬出漢塞，歸雁入胡天。——用仄起式譜領聯之平仄。

｜｜一一｜，一一｜｜一
大漠孤煙直，長河落日圓。——用仄起式譜頸聯之平仄。

一一一一｜，一｜｜一一
蕭關逢候騎，都護在燕然。——用仄起式譜尾聯之平仄。

（王維　使至塞上）

△

｜一｜一｜，｜｜｜一一
故鄉杳無際，日暮且孤征。——用平起式譜首聯之平仄。

一一一｜｜，｜｜｜一一
川原迷舊國，道路入邊城。——用仄起式譜頷聯之平仄。

｜｜一一｜，一一｜｜一
野戍荒烟斷，深川古木平。——用仄起式譜頸聯之平仄。

一一｜一｜，｜｜｜一一
如何此時恨，嗷嗷夜猿鳴。——用仄起式譜尾聯之平仄。

（陳子昂　晚次樂鄉縣）

△

｜一｜｜｜一一，｜｜一一｜｜一
一辭魏闕就商賓，散地閒居八九春。——用平起式譜首聯之平仄。

一一｜｜一一｜，｜｜一一｜｜一
初時被目爲迂叟，近日蒙呼作隱人。——用仄起式譜頷聯之平俗。

｜｜｜一一｜｜，｜一一｜｜一一
冷煖俗情諳世路，是非閒論任交親。——用仄起式譜頸聯之平仄。

｜一一｜一一｜，一｜一一｜｜一
應須繩墨機關外，安置疏愚鈍滯身。——用仄起式譜尾聯之平仄。

（白居易　迂叟）

△

一一｜｜｜一一，｜｜一一｜｜一
離宮祕苑勝瀛洲，別有仙人洞邃幽。——用平起式譜首聯之平仄。

一一｜｜一一｜，｜｜一一｜｜一
巖邊樹色含風冷，石上泉聲帶雨秋。——用仄起式譜頷聯之平仄。

｜｜———｜｜，—｜｜｜——

鳥向歌筵來度曲，雲依帳殿結爲樓。——用仄起式譜頸聯之平仄。

——｜｜——｜，—｜——｜｜—

微臣昔忝方明御，今日還陪八駿遊。——用仄起式譜尾聯之平仄。

（宋之問　三陽宮侍宴應制得幽字）

貳、起聯以下用平起式，頷聯用仄起式之平仄者：

——｜｜｜，｜｜｜——

△歌堂面綠水，舞館接金塘。——用平起式譜首聯之平仄。

｜——｜｜，—｜｜——

竹開霜後翠，梅動雪前香。——用仄起式譜頷聯之平仄。

———｜｜，｜｜｜——

鳧歸初命侶，雁起欲分行。——用平起式譜頸聯之平仄。

｜｜——｜，——｜｜—

刷羽同栖集，懷恩愧稻粱。——用平起式譜尾聯之平仄。

（虞世南　侍宴歸雁堂）

｜——｜｜——，｜｜———｜—

△鳳凰臺上鳳凰遊，鳳去臺空江自流。——用平起式譜首聯之平仄。

———｜——｜，｜｜———｜—

吳宮花草埋幽徑，晉代衣冠成古丘。——用仄起式譜頷聯之平仄。

——｜｜——｜，｜｜——｜｜—

三山半落青天外，二水中分白鷺洲。——用平起式譜頸聯之平仄。

｜｜———｜｜，——｜｜｜——

總爲浮雲能蔽日，長安不見使人愁。——用平起式譜尾聯之平仄。

（李　白　登金陵鳳凰臺）

——｜｜｜——，—｜｜——｜—

△青娥皓齒在樓船，橫笛短簫悲遠天。——用平起式譜首聯之平仄。

一一丨丨一一丨，丨丨一一丨丨一
春風自信牙檣動，遲日徐看錦纜牽。——用仄起式譜頷聯之平仄。
一一丨丨一一丨，丨丨一一丨丨一
魚吹細浪搖歌扇，燕蹴飛花落舞筵。——用平起式譜頸聯之平仄。
丨丨丨一一丨丨，丨一丨丨丨一一
不有小舟能蕩槳，百壺那送酒如泉。——用平起式譜尾聯之平仄。
（杜甫　城西陂泛舟）

參、起聯以下用平起式，頸聯用仄起式之平仄者：

一一丨一丨，丨丨丨一一
△邊烽警榆塞，俠客度桑乾。——用平起式譜首聯之平仄。
丨丨一一丨，一一丨丨一
柳葉開銀鏑，桃花照玉鞍。——用平起式譜頷聯之平仄。
丨丨一一丨，一一丨丨一
滿月臨弓影，連星入劍端。——用仄起式譜頸聯之平仄。
丨丨一一丨，一一一丨一
莫學燕丹客，空歌易水寒。——用平起式譜尾聯之平仄。
（駱賓王　送鄭少府入遼共賦俠客遠從戎）

一一丨丨丨一一，丨丨丨一一丨一
△仙宮欲住九龍潭，旄節朱幡倚石龕。——用平起式譜首聯之平仄。
一丨一一丨丨丨，丨一一丨丨一一
山壓天中半天上，洞穿江底出江南。——用平起式譜頷聯之平仄。
丨丨一一一丨丨，丨一一丨丨一一
瀑布杉松常帶雨，夕陽蒼翠忽成嵐。——用仄起式譜頸聯之平仄。
丨丨一一一丨丨，丨一一丨丨一一
借問迎來雙白鶴，已曾衡嶽送蘇耽。——用平起式譜尾聯之平仄。
（王維　送方尊師歸嵩山）

肆、起聯以下用平起式，結聯用仄起式之平仄者：

— — — | |，— | | — —
△東園垂柳徑，西堰落花津。——用平起式譜首聯之平仄。
| | — — |，— — | | —
物色連三月，風光絕四鄰。——用平起式譜頷聯之平仄。
| — — | |，— | | — —
鳥飛村覺曙，魚戲水知春。——用平起式譜頸聯之平仄。
— — — | |，— | | — —
初晴山院裏，何處染囂塵。——用仄起式譜尾聯之平仄。
（王勃　仲春郊外）

— — — | | — —，| | — — | | —
△天行雲從指驆宮，浴日餘波錫詔同。——用平起式譜首聯之平仄。
| | — — | — |，— — | | | — —
綵殿氤氳擁香溜，紗窗宛轉閉和風。——用平起式譜頷聯之平仄。
— — — | — — |，| | — — | | —
來將蘭氣銜皇澤，去引星文捧碧空。——用平起式譜頸聯之平仄。
| — | | | — |，| | — — | | —
自憐遇坎便能止，願托仙槎路未通。——用仄起式譜尾聯之平仄。
（蔡希周　奉知扈從温泉宮承恩賜浴）

伍、起頷二聯用平起式，頸尾二聯用仄起式之平仄者：

— — — | |，| | | — —
△稽亭追往事，睢苑勝前聞。——用平起式譜首聯之平仄。
— | — — |，— — | | —
飛閣凌芳樹，華池落彩雲。——用平起式譜頷聯之平仄。
| | — — |，— — | | —
藉草人留酌，銜花鳥赴羣。——用仄起式譜頸聯之平仄。
| — — | |，— | | — —
向來同賞處，惟恨碧林曛。——用仄起式譜尾聯之平仄。

（張九齡　三月三日申王園亭宴集）

一一丨丨一一丨　丨丨一一丨丨一
△幽棲地僻經過少，老病人扶再拜難。——用平起式譜首聯之平仄。

丨丨一一一丨丨　丨一一丨丨一一
豈有文章經海內，漫勞車馬駐江干。——用平起式譜頷聯之平仄。

丨一丨丨一一丨　一丨一一丨丨一
竟日淹留佳客坐，百年粗糲腐儒餐。——用仄起式譜頸聯之平仄。

丨一一丨一一丨　一丨一一丨丨一
不嫌野外無供給，乘興還來看藥欄。——用仄起式譜尾聯之平仄。

（杜甫　有客）

陸、起結二聯用平起式，頷頸二聯用仄起式之平仄者：

一一一丨丨　丨丨丨一一
△金天方肅殺，白露始專征。——用平起式譜首聯之平仄。

一一一丨丨　一丨丨一一
王師非樂戰，之子愼佳兵。——用仄起式譜頷聯之平仄。

丨丨一一丨　一一丨丨一
海氣侵南部，邊風掃北平。——用仄起式譜頸聯之平仄。

丨丨一一丨　一一一丨一
莫賣盧龍塞，歸邀麟閣名。——用平起式譜尾聯之平仄。

（陳子昂　送別崔著作東征）

一一丨丨丨一一　丨丨一一丨丨一
△桃源一向絕風塵，柳市南頭訪隱淪。——用平起式譜首聯之平仄。

丨一丨丨一一丨　一丨一一丨丨一
到門不敢題凡鳥，看竹何須問主人。——用仄起式譜頷聯之平仄。

一丨一一一丨丨　一一一丨丨一一
城外青山如屋裏，東家流水入西鄰。——用仄起式譜頸聯之平仄。

丨丨丨一一丨丨，丨一一丨丨一一
閉戶著書多歲月，種松皆作老龍鱗。——用平起式譜尾聯之平仄。

（王維 春日與裴迪過新昌里訪呂逸人不遇）

柒、平起式與仄起式之平仄交互使用者：

丨一一丨丨，一丨丨一一
△振衣遊紫府，飛蓋背青田。——用平起式譜首聯之平仄。
一一一丨丨，一丨丨一一
虛心恒警露，孤影尚凌煙。——用仄起式譜頷聯之平仄。
一一一丨丨，丨丨丨一一
離歌悽妙曲，別操繞繁絃。——用平起式譜頸聯之平仄。
丨一一丨丨，一丨丨一一
在陰如可和，清響會聞天。——用仄起式譜尾聯之平仄。

（駱賓王 送王明府參選賦鶴）

一一丨丨丨一一，一丨一一丨丨一
△嬌歌急管雜青絲，銀燭金杯映翠眉。——用平起式譜首聯之平仄。
丨一丨丨一一丨，一丨一一丨丨一
使君地主能相送，河尹天明坐莫辭。——用仄起式譜頷聯之平仄。
一一丨丨一一丨，丨丨一一丨丨一
春城月出人皆醉，野戍花深馬去遲。——用平起式譜頸聯之平仄。
丨一丨丨一一丨，一丨一一丨丨一
寄聲報爾山翁道，今日河南勝昔時。——用仄起式譜尾聯之平仄。

（岑參 使君席夜送嚴河南赴長水得時字）

第二節 起聯仄起式

壹、起聯用仄起式，頷聯以下用平起式之平仄者：

—||——，——||—

△年柳變池臺，隨堤曲直回。——用仄起式譜首聯之平仄。

||——|，——||—

逐韻分陰去，迎風帶影來。——用平起式譜頷聯之平仄。

——|||，|||——

疏黃一鳥哢，半翠幾眉開。——用平起式譜頸聯之平仄。

—|——|，——||—

縈雪臨春岸，參差間早梅。——用平起式譜尾聯之平仄。

（太宗　春池柳）

||———|—，|——||——

—積雨空林煙火遲，蒸藜炊黍餉東菑。——用仄起式譜首聯之平仄。

|||——||，——|||——

漠漠水田飛白鷺，陰陰夏木囀黃鸝。——用平起式譜頷聯之平仄。

——||——|，—|——||—

山中習靜觀朝槿，松下清齋折露葵。——用平起式譜頸聯之平仄。

|||——||，|——||——

野老與人爭席罷，海鷗何事更相疑。——用平起式譜尾聯之平仄。

（王維　輞川積雨）

||———|—，——|||——

△二月黃鸝飛上林，春城紫禁曉陰陰。——用仄起式譜首聯之平仄。

—|———||，——|||——

長樂鐘聲花外盡，龍池柳色雨中深。——用平起式譜頷聯之平仄。

——||——|，—|——||—

陽和不散窮途恨，霄漢長懸捧日心。——用平起式譜頸聯之平仄。

|||——||，——|||——

獻賦十年猶未遇，羞將白髮對華簪。——用平起式譜尾聯之平仄。

（錢起　闕下贈裴舍人）

貳、起聯以下用仄起式，頷聯用平起式之平仄者。

丨丨一一丨，一一丨丨一
△盧騎三秋入，關山萬里平。——用仄起式譜首聯之平仄。
丨丨一一丨，一一丨丨一
雪是胡沙暗，冰如漢月明。——用平起式譜頷聯之平仄。
一丨丨一丨，一一丨丨一
高闕銀爲闕，長城玉作城。——用仄起式譜頸聯之平仄。
丨一一丨丨，一丨丨一一
節旄零落盡，天子不知名。——用仄起式譜尾聯之平仄。

（盧照鄰　雨雪曲）

叁、起聯以下用仄起式，頸聯用平起式之平仄者：

一丨一一丨，一一丨丨一
△蓮座神容儼，松崖聖趾餘。——用仄起式譜首聯之平仄。
一一一丨丨，丨丨丨一一
年長金跡淺，地久石文疏。——用仄起式譜頷聯之平仄。
一一一丨丨，一丨丨一一
△頽華臨曲磴，傾影赴前除。——用平起式譜頸聯之平仄。
丨一一丨丨，一丨丨一一
共嗟陵谷遠，俄視化城虛。——用仄起式譜尾聯之平仄。

（王勃　觀佛跡寺）

丨丨一一丨丨一，一一丨丨丨一一
△涙盡江樓北望歸，田園已陷百重圍。——用仄起式譜首聯之平仄。
一一丨丨一一丨，丨丨一一一丨一
平蕪萬里無人去，落日千山空鳥歸。——用仄起式譜頷聯之平仄。
一一丨丨一一丨，丨丨一一丨丨一
孤舟漾漾寒潮小，極浦蒼蒼遠樹微。——用平起式譜頸聯之平仄。
丨一一丨一一丨，丨丨一一丨丨一
白鷗漁父徒相待，未掃攙槍息懶機。——用仄起式譜尾聯之平仄。

肆、起聯以下用仄起式，結聯用平起式之平仄者：

（劉長卿　登松江驛樓北望故園）

｜｜——｜，——｜｜—
△合殿恩中絕，交河使漸稀。——用仄起式譜首聯之平仄。
———｜｜，—｜｜——
肝腸隨玉輦，形影向金微。——用仄起式譜頷聯之平仄。
｜｜｜—｜，———｜—
漢地草應綠，胡庭沙正飛。——用仄起式譜頸聯之平仄。
｜｜——｜，——｜｜—
願逐三秋雁，年年一度歸。——用平起式譜尾聯之平仄。

（盧照鄰　昭君怨）

—｜——｜——，———｜｜——
△無著天親弟與兄，嵩丘蘭若一峰晴。——用仄起式譜首聯之平仄。
｜——｜——｜，—｜——｜｜—
食隨鳴磬巢烏下，行踏空林落葉聲。——用仄起式譜頷聯之平仄。
｜｜｜——｜｜，｜——｜｜——
迸水定侵香案濕，雨花應共石牀平。——用仄起式譜頸聯之平仄。
—｜———｜｜，｜——｜｜——
深洞長松何所有，儼然天竺古先生。——用平起式譜尾聯之平仄。

（王維　過乘如禪師蕭居士嵩丘蘭若）

伍、起頷二聯用仄起式，頸結二聯用平起式之平仄者：

｜｜——｜，——｜｜—
△下驛窮交日，昌亭旅食年。——用仄起式譜首聯之平仄。
———｜｜，—｜｜——
相知何用早，懷抱卽依然。——用仄起式譜頷聯之平仄。

丨一一丨丨　一丨丨一一
浦樓低晚照，歸客隔風煙。——用平起式譜頸聯之平仄。
丨丨一一丨　一一丨丨一
去去如何道，長安在日邊。——用平起式譜尾聯之平仄。

（王勃　白下驛錢唐下府）

丨丨一一丨丨一　一一丨丨丨一一
△漢主離宮接露臺，秦川一半夕陽開。——用仄起式譜首聯之平仄。
一一丨丨一一丨　丨丨一一丨丨一
靑山盡是朱旗繞，碧澗翻從玉殿來。——用仄起式譜頷聯之平仄。
一一丨丨一一丨　丨丨一一丨丨一
新豐樹裏行人度，小苑城邊獵騎回。——用平起式譜頸聯之平仄。
一丨一一一丨丨　一一丨丨丨一一
聞說甘泉能獻賦，懸知獨有子雲才。——用平起式譜尾聯之平仄。

（王維　和太常韋主簿五郎温泉寓目）

陸、起結二聯用仄起式，頷頸二聯用平起式之平仄者：

丨丨一一丨　一一丨丨一
△隴阪長無極，蒼山望不窮。——用仄起式譜首聯之平仄。
丨丨一一丨　一一丨丨一
石徑縈疑斷，回流映似空。——用平起式譜頷聯之平仄。
一一丨丨丨　一丨丨一一
花開綠野霧，鶯轉紫宮風。——用平起式譜頸聯之平仄。
一一丨丨丨　一丨丨一一
春芳勿遽盡，留賞故人同。——用仄起式譜尾聯之平仄。

（盧照鄰　入秦川界）

一丨一一丨丨一　一一丨丨丨一一
△金闕平明宿霧收，瑤池式宴俯清流。——用仄起式譜首聯之平仄。

｜｜———｜｜，——｜｜｜——

瑞鳳飛來隨帝輦，祥魚出戲躍王舟。——用平起式譜頷聯之平仄。

——｜｜——｜，｜｜——｜｜—

帷齊綠樹當筵密，蓋轉湘荷接岸浮。——用平起式譜頸聯之平仄。

——｜｜——｜，｜｜——｜｜—

如臨竊比微臣懼，若濟叨陪聖主遊。——用仄起式譜尾聯之平仄。

（蘇瓌　興慶池侍宴應制）

柒、仄起式與平起式之平仄交互使用者．

｜｜——｜，———｜—

△木落園林曠，庭虛風露寒。——用仄起式譜首聯之平仄。

｜｜——｜，———｜—

北里清音絕，南陔芳草殘。——用平起式譜頷聯之平仄。

｜｜——｜，——｜｜—

遠氣猶標劍，浮雲尚寫冠。——用仄起式譜頸聯之平仄。

｜｜——｜，——｜｜—

寂寂琴臺晚，秋陰入井幹。——用平起式譜尾聯之平仄。

（上官儀　故北平公挽歌）

｜｜｜—｜｜—，——｜｜｜——

△酌酒與君君自寬，人情翻覆似波瀾。——用仄起式譜首聯之平仄。

｜｜———｜｜，———｜｜——

白首相知猶按劍，朱門先達笑彈冠。——用平起式譜頷聯之平仄。

｜｜——｜｜｜，——｜｜———

草色全經細雨濕，花枝欲動春風寒。——用仄起式譜頸聯之平仄。

｜｜———｜｜，｜——｜｜——

世事浮雲何足問，不如高臥且加餐。——用平起式譜尾聯之平仄。

（王維　酌酒與裴迪）

第六章　「一三五不論，二四六分明」說之研究

第一節　「一三五不論，二四六分明」舉隅

「一三五不論、二四六分明」之說，不知起於何時，元劉鑑切韻指南之後曾言及之，世人常以之爲作詩口訣。所謂「一三五不論」者，言七律平仄譜中詩句之第一字、第三字、第五字平仄皆可不論。平聲可以易爲仄聲，仄聲亦可易爲平聲，不必拘定平仄也；所謂「二四六分明」者，言七律平仄譜中詩句之第二字、第四字、第六字其平仄必須依照平仄譜之規定。當用平者必用平，當用仄者必用仄，平仄不可亂也。若五律則止言「一三不論，二四分明」而已。茲舉例說明如下：

壹、五律

一、仄起式首句不入韻例

仄仄平平仄　平平仄仄平　平平仄仄仄　平仄仄平平　仄仄平平仄　平平仄仄平　平平平仄仄　平仄仄平平

△客路靑山下，行舟綠水前。潮平兩岸濶，風正一帆懸。海月生殘夜，江春入舊年。鄉書何處達？歸雁洛陽邊。　（王灣　次北固山下）

案：(1)此首每句第二、四兩字之平仄均依平仄譜，是爲「二四分明」也。

(2)第三句第三字原應爲平聲，而詩中用仄聲「兩」字；第四句第一字原應爲仄聲，而詩中用平聲「風」字；

第八句第一字原應爲仄聲，而詩中用平聲「歸」字；

是爲「一三不論」也。

二、仄起式首句入韻例：

△仄仄仄平平　平平仄仄平　平平仄仄仄　平仄仄平平　仄仄平平仄　平平仄仄平　仄平平仄仄
獨有宦遊人，偏驚物候新。雲霞出海曙，梅柳渡江春。淑氣催黃鳥，晴光轉綠蘋。忽聞歌古調，
平仄仄平平
歸思欲沾巾。

（杜審言　和晉陵陸丞早春游望）

案：(1)此首每句第二、四兩字之平仄均依平仄譜，是爲「二四分明」也。

(2)第二句第三字原應爲平聲，而詩中用仄聲「出」字；

第四句第一字原應爲仄聲，而詩中用平聲「梅」字；

第七句第一字原應爲平聲，而詩中用仄聲「忽」字；

第八句第一字原應爲仄聲，而詩中用平聲「歸」字；

此是爲「一三不論」也。

三、平起式首句不入韻例：

△仄平平仄仄　仄仄仄平平　仄仄平平仄　平平仄仄平　平平仄仄仄　平仄仄平平　仄仄平平仄
灞原風雨定，晚見雁行頻。落葉他鄉樹，寒燈獨夜人。空園白露滴，孤壁野僧鄰。寄臥郊扉久，
平平仄仄平
何年致此身。

（馬戴　灞上秋居）

案：(1)此首每句第二、四兩字之平仄均依平仄譜，是爲「二四分明」也。

(2)第一句第一字原應爲平聲，而詩中用仄聲「灞」字；
第五句第三字原應爲平聲，而詩中用仄聲「白」字；
第六句第一字原應爲仄聲，而詩中用平聲「孤」字；
此是爲「一三不論」也。

四、平起式首句入韻例

△平平平仄平　平仄仄平平　仄仄平平仄　平平仄仄平　仄平平仄仄　平仄仄平平　仄平平仄仄
天南多鳥聲，州縣半無城。野市依蠻姓，山村逐水名。瘴煙沙上起，陰火雨中生。獨有求珠客，
平平仄仄平
年年入海行。

（王建　南中）

案：(1)此首每句第二、四兩字之平仄均依平仄譜，是爲「二四分明」也。
(2)第一句第三字原應爲仄聲，而詩中用平聲「多」字；
第二句第一字原應爲仄聲，而詩中用平聲「州」字；
第五句第一字原應爲平聲，而詩中用仄聲「瘴」字；
第六句第一字原應爲仄聲，而詩中用平聲「陰」字；
此是爲「一三不論」也。

貳、七律

一、平起式首句入韻例。

△平平仄仄仄平平　仄仄平平平仄平　仄仄仄平平仄平　平平平仄仄平平
孤山寺北賈亭西，水面初平雲脚低。幾處早鶯爭煖樹，誰家新燕啄春泥。

仄平仄仄平平仄　仄仄平平仄仄平　仄仄平平平仄仄　仄平平仄仄平平
亂花漸欲迷人眼，淺草纔能沒馬蹄。最欲湖東行不足，綠楊陰裏白沙隄。

（白居易　湖上春行）

案：(1)此首第二、四、六字之平仄均依平仄譜，是爲「二四六分明」也。

(2)第二句第五字原應爲仄聲，而詩中用平聲「雲」字；
第三句第三字原應爲平聲，而詩中用仄聲「早」字；
第四句第三字原應爲仄聲，而詩中用平聲「新」字；
第八句第一字原應爲平聲，而詩中用仄聲「綠」字；
第八句第三字原應爲仄聲，而詩中用平聲「陰」字；

此是爲「一三五不論」也。

二、平起式首句不入韻例：

仄平平仄平平仄　平仄平平仄仄平　仄仄平平平仄仄　平平仄仄仄平平
△去年花裏逢君別，今日花開又一年。世事茫茫難自料，春愁黯黯獨成眠。
平平仄仄平平仄　仄仄平平仄仄平　平仄仄平平仄仄　平平仄仄仄平平
身多疾病思田里，邑有流亡愧俸錢！聞道欲來相問訊，西樓望月幾回圓。

（韋應物　寄李儋元錫）

案：(1)此首每句第二、四、六字之平仄均依平仄譜，是爲「二四六分明」也。

(2)第一句第一字原應爲平聲，而詩中用仄聲「去」字；
第一句第三字原應爲仄聲，而詩中用平聲「花」字；
第二句第一字原應爲仄聲，而詩中用平聲「今」字；
第七句第一字原應爲仄聲，而詩中用平聲「聞」字；

第七句第三字原應爲平聲，而詩中用仄聲「欲」字；

此是爲「一三五不論」也。

三、仄起式首句入韻例：

△平仄平平平仄平　仄平平仄仄平平　仄平平仄平平仄　仄仄平平仄仄平

花近高樓傷客心，萬方多難此登臨。錦江春色來天地，玉壘浮雲變古今。

仄仄平平平仄仄　平平仄仄仄平平　仄平仄仄平平仄　仄仄平平平仄平

北極朝廷終不改，西山寇盜莫相侵！可憐後主還祠廟，日暮聊爲梁父吟。

（杜甫　登樓）

案：(1)此首每句第二、四、六字之平仄均依平仄譜，是爲「二四六分明」也。

(2)第一句第一字原應爲仄聲，而詩中用平聲「花」字；

第一句第五字原應爲仄聲，而詩中用平聲「傷」字；

第二句第一字原應爲平聲，而詩中用仄聲「萬」字；

第二句第三字原應爲仄聲，而詩中用平聲「多」字；

第三句第一字原應爲平聲，而詩中用仄聲「錦」字；

第三句第三字原應爲仄聲，而詩中用平聲「春」字；

第七句第一字原應爲平聲，而詩中用仄聲「可」字；

第八句第五字原應爲仄聲，而詩中用平聲「梁」字；

此是爲「一三五不論」也。

四、仄起式首句不入韻例：

△仄仄仄平平仄仄　平平仄仄仄平平　仄平仄仄平平仄　仄仄平平仄仄平

劍外忽傳收薊北，初聞涕淚滿衣裳！卻看妻子愁何在？漫卷詩書喜欲狂。

白日放歌須縱酒，靑春作伴好還鄉。卽從巴峽穿巫峽，便下襄陽向洛陽。
仄仄仄平平仄仄　平平仄仄仄平平　仄平平仄平平仄　仄仄平平仄仄平

（杜甫　聞官軍收河南河北）

案：⑴此首每句第二、四、六之平仄均依平仄譜，是爲「二四六分明」也。

⑵第一句第三字原應爲平聲，而詩中用仄聲「忽」字；

第三句第一字原應爲平聲，而詩中用仄聲「卻」字；

第三句第三字原應爲仄聲，而詩中用平聲「妻」字；

第五句第三字原應爲平聲，而詩中用仄聲「放」字；

第七句第一字原應爲平聲，而詩中用仄聲「卽」字；

第七句第三字原應爲仄聲，而詩中用平聲「巴」字；

此是爲「一三五不論」也。

第二節　四種基本平仄式之分析

「一三五不論，二四六分明」之說，是誠初學爲詩者對平仄譜運用之捷便口訣也。然亦因此而貽誤後學甚鉅，以致後世謬句流行，良可痛惜。淸王夫之薑齋詩話云「一三五不論，二四六分明之說，不可恃爲典要。」，何世璂述王漁洋口授然鐙記聞亦云：「律句只要辨一三五，俗云『一三五不論』。怪誕之極，決其終身必無通理。」二家俱以「一三五不論」之說爲非。何氏嚴詞厲責，雖似嫌稍過，然細審之，亦眞知詩病者也。玆畧評其用如下：

壹、五律

㈠平平平仄仄

1. 第一字可不論。
2. 第三字須論：若第三字改仄，則成爲「平平仄仄仄」，卽有「仄三聯」之忌。且第一字、第三字改仄，則成爲「仄平仄仄仄」，亦犯「孤平」之忌。

(二)平平仄仄平

1. 第一字須論：若第一字改仄，則成爲「仄平仄仄平」，卽犯「孤平」之忌。
2. 第三字可不論：因「平平平仄平」，仄聲可單，此漁洋之所謂「仄聲可令單」也。
3. 若第一字非用仄聲不可，則第三字必用平聲，使成爲「仄平平仄平」。

(三)仄仄平平仄

1. 第一字可不論。
2. 第三字須論：若第三字改仄，則成爲「仄仄仄平仄」，卽犯「孤平」之忌。

(四)仄仄仄平平

1. 第一字可不論。
2. 第三字須論：若第三字改爲平聲，則成爲「仄仄平平平」，卽犯「平三聯」之忌。

貳、七律

(一)仄仄平平平仄仄

1. 第一字可不論。
2. 第三字可不論。
3. 第五字須論：若第五字改仄，則成爲「仄仄平平仄仄仄」，卽犯「仄三聯」之忌，但此則另有說明。

（詳後拗句）

㈡仄仄平平仄仄平。

1. 第一字可不論。
2. 第三字須論：若第三字改仄，則成爲「仄仄仄平仄仄平」，即犯「孤平」之忌。
3. 第五字可不論。
4. 若第三字非用仄不可，則第五字必用平，使成爲「仄仄仄平平仄平」，方不至犯「孤平」。

㈢平平仄仄平平仄。

1. 第一字可不論。
2. 第三字可不論。
3. 第五字須論：若第五字改仄，則成爲「平平仄仄仄平仄」，即犯「孤平」矣。
4. 若第一字非用仄不可，則第三字必用平，使成爲「仄平平仄平平仄」，方不致犯「孤平」。

㈣平平仄仄仄平平。

1. 第一字可不論。
2. 第三字可不論。
3. 第五字須論：若第五字改平，則成爲「平平仄仄平平平」，即犯「平三聯」矣。然亦有不論者。（詳後拗句）
4. 若第一字非用仄不可，則第三字必用平。使成爲「仄平平仄仄平平」方不致犯「孤平」。

通例：

1. 七律第三、五字，五律第一、三字，在不犯孤平，及下「平三聯」與下「仄三聯」之情況下，可以不論。

2.七言第一字俱可不論。卽使七言第二字犯孤平，亦在所不論。蓋因七言第一字離節奏點（韻脚）甚遠之故也。

3.句末「仄三聯」及「平三聯」宜盡量避免，尤以平三聯爲然，唐宋雖有「仄三聯」及「平三聯」之律句，此是爲變例，實不足多法。

4.趙執信聲調譜謂：「下有三仄，上必有二平也，若仄平仄仄仄則落調矣。」

第七章　拗體與拗救

律詩拗救之說，翁方綱小石帆亭著錄趙秋谷所傳之聲調譜、翟翬儀仲所編之聲調譜拾遺等著作，論釋甚詳。綜觀其所引律詩拗句之例，約有數端：

㈠拗句多於出句行之。

㈡五言拗處總在第三字、第四字上，七言拗處總在第五字、第六字上。故律詩所言拗者，蓋多指五言之第三或第四字之平仄不合平仄譜；七言之第五或第六字之平仄不合平仄譜之謂也。

㈢除上項所形成之拗句外，若「平平仄仄平」一式之第一字改仄，而形成「仄平仄仄平」亦稱爲拗句。

㈣七律之第二字平仄不合譜，亦稱爲拗句。

㈤凡拗律詩，無八句純拗者，其中必有諧句。如上四諧，下四拗；上六拗，下二諧；或中間拗，前後諧。若不粘不諧，定是古詩。

㈥詩人旣用拗，亦往往救之。拗而能救則不爲拗矣。拗救之法，約有兩種：一爲對句相救。一爲本句自救。所謂對句相救者，如五言出句第三字該仄而拗用平，則對句第三字該平而用仄以救之；出句第三字該平而拗用仄，則對句第三字該仄而用平以救是也。第四字亦如第三字。七律五六字亦如五律三四字。所謂本句自救者，如當句第一字該平而拗用仄，以致第二字形成「孤平」時，則於第三字者該仄改爲平是也。

茲將律詩之拗句及拗救法，擧例說明如下：

第一節　五律拗體與拗救

壹、本式：平平平仄仄——出句。

仄仄仄平平——對句。

（拗）

變式：平平仄仄仄——出句拗。

（救）

仄仄平平平——對句救。

一一｜｜｜

例句：蕭蕭古塞冷——出句拗。

｜｜一一一

漠漠秋雲低——對句救。（杜甫　秦州雜詩）

案：此式之拗，對句以不相救者爲多。因五律中「平三聯」較「仄三聯」更爲忌諱故也。

一一｜｜｜

如：星臨萬戶動——出句拗。

｜｜｜一一

月傍九霄多——對句不救。（杜甫　春宿左省）

貳、本式：仄仄平平仄——出句。

平平仄仄平——對句。

（拗）

變式：仄仄仄平仄——出句拗。

（救）

平平平仄平——對句救。

例句：△落日鳥邊下——出句拗。

｜｜｜—｜

秋原人外聞——對句救。（王維　登裴秀才小臺作）

———｜—

△冉冉柳枝碧——出句拗。

｜｜｜—｜

娟娟花蕊紅——對句救。（杜甫　奉答岑參補闕見贈）

———｜—

叁、本式：平平平仄仄——出句。

救拗

變式：平平仄平仄——出句本句自救。

例句：遙憐小兒女——出句本句自救。（杜甫　月夜）

——｜—｜

△芳心向春盡——出句本句自救。（李商隱　落花）

——｜—｜

案：此式之拗救，唐宋詩甚為常見，至使後人有不認為是拗體，而直以律詩之特殊基本型式視之者。

肆、本式：仄仄平平仄——出句。
平平仄仄平——對句。
（拗）
變式：仄仄平仄仄——出句拗。
（救）
仄平平仄平——對句救。
例句：△窈窈清禁闥——出句拗。
｜｜—｜｜
罷朝歸不同——對句救。（杜甫　奉答岑參補闕見贈）
｜——｜—
案：此式之對句第三字，一以救出句之拗，一以救本句第二字之「孤平」。

伍、本式：平平仄仄平——對句。
拗救
變式：仄平平仄平——對句本句自救。
例句：△繭蠶初引絲——對句本句自救。（杜牧　句溪夏日送盧霈秀才歸王屋山將欲赴舉）
｜——｜—
△憶家兄弟貧——對句本句自救。（戴叔倫　送友人東歸）
｜——｜—
※案：對句孤平而不自救，則出句必用拗體，若出句不拗，則對句不可着此拗體。
例句：△斗酒勿爲薄——出句。
｜｜｜—｜

|一||一
寸心貴不忘——對句。（李白　南陽送客）

||一||
△萬里楊柳色——出句。

|一||一
出關送客人——對句。（戴叔倫　送友人東歸）

又案：若首句着此拗體，對句有不救者：

|一||一
例句：△夜深露氣清——首句拗。

一||一一
江月滿江城——對句無救。（杜甫　玩月呈漢中主）

第二節　七律拗體與拗救

七律爲五律之延伸。五律以第三四字爲拗處，故七律以第五六字爲拗處。其拗救之法，七律亦如五律。

茲亦舉例說明如下：

壹、本式：仄仄平平平仄仄——出句。

平平仄仄仄平平——對句。

（拗）
變式：仄仄平平仄仄仄——出句拗。

（救）
平平仄仄平平平——對句救。

例句：△丨丨一一丨丨丨
自是秦樓壓鄭谷——出句拗。
一一丨丨一一一
時聞雜佩聲珊珊——對句救。（杜甫　鄭駙馬宅宴洞中）
△丨丨一一丨丨丨
草色全經細雨濕——出句拗。
一一丨丨一一一
花枝欲動春風寒——對句救（王維　酌酒與裴迪）

案：七律較五律不避忌「平三聯」，故七律出句「仄三聯」，則對句以「平三聯」救之爲多。

貳、本式：平平仄仄平平仄——出句。
仄仄平平仄仄平——對句。

變式：平平仄仄仄平仄——出句拗。
（拗）
仄仄平平平仄平——對句救。
（救）

例句：△丨一一丨丨一丨
可憐懷抱向人盡——出句拗。
丨丨一一一丨一
欲問平安無使來——對句救。（杜甫　所思）
△丨一丨丨丨一丨
已知出郭少塵事——出句拗。
丨丨一一一丨一
更有澄江銷客愁——對句救。（杜甫　卜居）

叁、本式：仄仄平平平仄仄——出句。

變式：仄仄平平仄平仄——出句本句自救。

救拗

例句：△雲白山青萬餘里——出句本句自救。（杜甫 小寒食舟中作）

—|——|—|

肆、本式：平平仄仄平平仄——出句。

△愛汝玉山草堂靜——出句本句自救。（杜甫 崔氏東山草堂）

|||—|—|

仄仄平平仄仄平——對句。

變式：平平仄仄平仄仄——出句拗。

仄仄平平平仄平——對句救。

例句：△明光起草人所羨——出句拗。

——||—||

肺病幾時朝日邊——對句救。（杜甫 十二月一日）

|||——|—

△行人自笑不得意——出句拗。

——|||||

匹馬獨吟眞可哀——對句救。（崔魯 春日長安即事）

|||——|—

伍、本式：仄仄平平仄仄平——出句。

拗救

變式：仄仄仄平平仄平——出句本句自救。

例句：△一柱觀頭眠幾回——出句本句自救。（杜甫　所思）
　　　｜｜｜——｜—

陸、本式：仄仄平平平仄仄——出句。
　　　△忽憶兩京梅發時——出句本句自救。（杜甫　立春）
　　　　｜｜｜——｜—
　　　平平仄仄仄平平——對句。

（拗）

變式：仄平平平平仄仄——出句拗。

（救）

　　　仄平仄仄仄平平——對句救。

例句：△去年登高鄭縣北——出句拗。
　　　｜————｜｜
　　　今日重在涪江濱——對句救。（杜甫　九日）
　　　—｜—｜———

柒、本式：平平仄仄平平仄——出句。
　　　仄仄平平仄仄平——對句。

（拗）

變式：平仄仄仄仄平平——出句拗。

（救）

　　　仄平平平仄仄平——對句救。

例句：△世亂鬱鬱久爲客——出句拗。
　　　｜｜｜｜｜—｜

丨一一一一丨一
路難悠悠長傍人——對句救。（杜甫　九日）

丨丨丨丨丨一丨
△炙背可以獻天子——出句拗。

丨一一一一丨一
美芹由來知野人——對句救。（杜甫　赤甲）

第八章　平仄論

律詩聲律，概依平仄譜。文字之聲調雖有平、上、去、入四聲，然爲詩之時，則但論平仄二端而已。雖有人主張仄聲中須分上、去、入三聲，然亦僅求其避免重複使用耳。故律詩之聲律特重平仄之別。詩韻平聲字屬平類，而上、去、入三聲之字，則全歸屬於仄類中。

中國文字之聲調，自以韻書爲準據，然韻書中，輒有一字二聲、三聲者，既有平聲一讀、又有或上、或去、或入之另一讀，故往往一字兼有平仄二類。其中又有平仄異讀而義同者、有平仄異讀而義異者。若平仄異讀而義同者，平仄譜可隨意用其平仄；若平仄異讀而義異者，則必須視其取用何義以定其平仄。如取其平聲之義者，則不可入於平仄譜所定之仄聲中。如取其仄聲義者，則不可入於平仄譜所定之平聲中。此爲所當注意者也。茲舉例說明如下：

第一節　平仄異讀義同例

壹、詩例摘句

一、望

△登舟望秋月，空憶謝將軍。（李白　夜泊牛渚懷古）
——｜—｜，—｜｜——

△諸侯春不貢，使者日相望。（杜甫　有感）
———｜｜，｜｜｜——

案：前例「望」爲仄聲，後例「望」字爲平聲，均爲觀覽之義。

△鴛鴦差池出建章，綵旗朱戶蔚相望。（劉禹錫　朗州竇員外見示）
————｜｜—，｜——｜｜——

△終日政聲長獨坐，開門唯望浙江潮。（張籍　贈李杭州）
—｜｜——｜｜，———｜｜——

案：前例「望」字爲平聲，後例「望」字仄聲，均爲觀覽之義。

二、聽

△不寢聽金鑰，因風想玉珂（杜甫　春宿左省）
｜｜——｜，——｜｜—

△倚杖柴門外，臨風聽暮蟬。（王維　輞川閒居贈裴秀才迪）
｜｜——｜，——｜｜—

案：前例「聽」字爲平聲，後例「聽」字爲仄聲，皆爲聆聞之義也。

△到此詩情應更遠，醉中高詠有誰聽。（張籍　寄和州劉使君）
｜｜——｜｜｜，｜——｜｜——

△鴻雁不堪愁裏聽，雲山況是客中過。（李頎　送魏萬之京）
—｜｜——｜｜，——｜｜｜——

案：前例「聽」字爲平聲，後例「聽」字爲仄聲，均聆聞之義。

三、過

｜｜——｜，——｜｜—

△曉月過殘壘，繁星宿故關。（司空曙　賊平後送人北歸）

———｜｜，—｜｜——

△殘雲歸太華，疏雨過中條。（許渾　秋日赴闕題潼關驛樓）

案：前例「過」字爲平聲，後例「過」字爲仄聲，皆取經過之義。

—｜｜——｜｜，——｜｜｜——

△鴻雁不堪愁裏聽，雲山況是客中過。（李頎　送魏萬之京）

—｜｜——｜｜，——｜｜｜——

△江上月明胡雁過，淮南木落楚山多。（劉長卿　江州重別薛六柳八二員外）

案：前例「過」字爲平聲，後例「過」字爲仄聲，均取經過之義。

貳、例字

矇（上平一東／上聲一董）盲也。

朦（上平一東／上聲一董）未明也。

衷（上平一東／去聲一送）中心也。

礱（上平一東／去聲一送）磨礱也。

翪（上平一東／去聲一送）鳥飛斂足也。

涷（上平一東／去聲一送）暴雨也。

虹（上平一東／去聲三絳）螮蝀也。

淙（上平一東／去聲三絳）水聲也。

鮦（上平一東／上聲二腫）魚名。

蓯（上平一東／上聲一董）蘢蓯也。

絧（上平一東／去聲一送）布名。

緵（上平一東／去聲一送）罟絲數也。

調　上平一東／去聲一送　共也。

汎　上平一東／入聲十一陌　浮也。

封　上平二冬／去聲二宋　封爵也。

雍　上平二冬／上聲二腫／去聲二宋　塞阻也。

匜　上平四支／上聲四紙　盥器也。

惷　上平二冬／上平三江／去聲二宋／去聲三絳　惷愚也。

詖　上平四支／去聲四寘　險詖也。

司　上平四支／去聲四寘　主其事也。

夅　上平一東／去聲三絳　水不遵道也。

洶　上平二東／上聲二腫　水勢也。

淞　上平二冬／去聲二宋　凍落貌。

溶　上平二冬／上聲二腫　水盛也。

蓰　上平四支／上聲四紙　五倍曰蓰。

姼　上平四支／上聲四紙　好女也。

貤　上平四支／去聲四寘　移也。

蚑　上平四支／去聲四寘　蟲行貌。

懞　上平一東／去聲二十五徑　惛也。

蛬　上平二東／上聲二腫　蟋蟀也。

淙　上平二冬／上平三江／去聲三絳　水聲也。

撞　上平三江／去聲三絳　擊也。

坻　上平四支／上聲四紙　水中高地也。

褫　上平四支／上聲四紙　奪衣也。

施　上平四支／去聲四寘　設施也。

欷　上平五微／去聲五未　噓氣也。

誹	上平五微 上聲五尾	誹謗也。
糈	上平六魚 上聲六語	糧也。
除	上平六魚 去聲六御	棄去也。
洳	上平六魚 去聲六御	沮洳也。
胠	上平六魚 去聲六御	腋下旁開也。軍右翼也。
驅	上平七虞 去聲七遇	奔馳也。
稌	上平七虞 上聲七麌	稻也。
禔	上平八齊 上聲四紙	衣服好貌。
豨	上平五微 上聲五尾	人呼猪。
慮	上平六魚 去聲六御	憂思也。
譽	上平六魚 去聲六御	毀譽也。
淤	上平六魚 去聲六御	淤泥也。
醵	上平六魚 去聲六御 入聲十藥	合錢飲酒。
瓠	上平七虞 去聲七遇	瓠瓢也。
醹	上平七虞 上聲七麌	厚酒也。
楷	上平九佳 上聲九蟹	楷模也。
紓	上平六魚 上聲六語	緩也、解也。
嘘	上平六魚 去聲六御	吹嘘也。
椐	上平六魚 去聲六御	靈壽椐也。
呿	上平六魚 去聲六御	魚臥張口也。
齬	上平六魚 上平七虞 上聲六語	齟齬。
瘉	上平七虞 上聲七麌	病也。
締	上平八齊 去聲八霽	結也。
晦	上平十灰 去聲十一隊	不明也。

嵬（上平十灰／上聲十賄）崔嵬也。

嶙（上平十一眞／上聲十一軫）嶾嶙。

諄（上平十一眞／去聲十二震）誠懇貌。

璡（上平十一眞／去聲十二震）美石。

噴（上平十三元／去聲十四願）吐氣也。

甗（上平十三元／上聲十六銑／去聲十七霰）無底甗。

看（上平十四寒／去聲十五翰）視也。

瀾（上平十四寒／去聲十五翰）波瀾也。

漼（上平十灰／上聲十賄）深貌。

泯（上平十一眞／上聲十一軫）水貌。盡也。

振（上平十一眞／去聲十二震）擧也。

瞵（上平十一眞／去聲十二震）視貌。

怨（上平十三元／去聲十四願）恨也。

謾（上平十四寒／去聲十五翰／去聲十六諫）欺也。

觀（上平十四寒／去聲十五翰）視也。

讕（上平十四寒／去聲十五翰）誣言相加也。

侲（上平十一眞／去聲十二震）善也。

畛（上平十一眞／上聲十一軫）田界也。

娠（上平十一眞／去聲十二震）孕也。

媛（上平十三元／去聲十七霰）女子也。

蜿（上平十三元／上聲十三阮）屈曲狀。

歎（上平十四寒／去聲十五翰）慨嘆也。

漫（上平十四寒／去聲十五翰）水大也。

患（平聲十五刪／去聲十六諫）憂也。

訕（上平十五刪／去聲十六諫）毀謗也。

鈿（上平聲一先／去聲十七霰）金飾也。

鍵（下平聲一先／上聲十六銑）鑰也。

僄（下平聲二蕭／去聲十八嘯）輕也。

轎（下平聲二蕭／去聲十八嘯）小車也。

橑（下平聲二蕭／上聲十九皓）椽也。

敎（下平聲三肴／去聲十九效）訓誨也。

筊（下平聲三肴／上聲十八巧）竹索也。

擐（上平十五刪／去聲十六諫）申也。

搴（下平聲一先／上聲十六銑）拔取也。

鬋（下平聲一元／上聲十六銑）髮垂貌。

燒（下平聲二蕭／去聲十八嘯）焚燒也。

燎（下平聲二蕭／去聲十八嘯）照也。

熇（下平二蕭／入聲一屋）炎熇也。

膠（下平聲三肴／去聲十九效）黏也。

撓（下平聲四豪／上聲十八巧）擾也。

纏（下平聲一先／去聲十七霰）繞也。

淀（下平聲一先／去聲十七霰）回漩也。

佻（下平聲二蕭／上聲十七篠）輕佻也。

搖（下平聲二蕭／去聲十八嘯）動也。

嘹（下平聲二蕭／去聲十八嘯）嘹嘈也。

敲（下平聲三肴／去聲十九效）叩打也。

媌（下平聲三肴／上聲十八巧）美好貌。

漕（下平聲四豪／去聲二十號）水運也。

驁 下平聲四豪 去聲二十號 駿馬也。

拖 下平聲五歌 上聲二十哿 引也。

爹 下平聲六麻 上聲二十哿 羌人呼父。

颺 下平聲七陽 去聲廿三漾 揚也。

彷 下平聲七陽 上聲廿二養 方也。

障 下平聲七陽 去聲廿三漾 隔也。

禜 下平聲八庚 去聲廿四敬 祭名。

廷 下平聲九靑 去聲廿五徑 朝廷也。

拕 下平聲五歌 上聲二十哿 曳也。

磋 下平聲五歌 去聲廿一箇 磨光也。

償 下平聲七陽 去聲廿三漾 償還也。

望 上平聲七陽 去聲廿三漾 視遠也。

妨 上平聲七陽 去聲廿三漾 礙也。

瑩 下平聲八庚 去聲廿五徑 光潔也。

檠 下平聲八庚 去聲廿四敬 上聲廿三梗 弓也。

聽 下平聲九靑 去聲廿五徑 聆也。

峩 下平聲五歌 上聲二十哿 高也。

樺 下平聲六麻 去聲廿二禡 木名。

傍 下平聲七陽 去聲廿三漾 旁也。

忘 下平聲七陽 去聲廿三漾 遺忘也。

防 下平聲七陽 去聲廿三漾 戒備也。

評 下平聲八庚 去聲廿四敬 平議也。

醒 下平聲九靑 上聲廿四迥 去聲廿五徑 夢覺也。

凝 下平聲十蒸 去聲廿五徑 結也。

凭　下平聲十蒸、去聲廿五徑　依几也。

瀏　下平十一尤、上聲廿五有　水清也。

瘤　下平十一尤、去聲廿六宥　肉起疾也。

睺　下平十一尤、去聲廿六宥　半盲也。

瞀　下平十一尤、去聲廿六宥　目不明也。

售　下平十一尤、去聲廿六宥　賣也。

鍭　下平十一尤、去聲廿六宥　箭鏃也。

僂　下平十一尤、上聲七麌、去聲廿六宥　身向前也。

簍　下平十一尤、上聲七麌、去聲廿五有　籠也。

吟　下平十二侵、去聲廿七沁　呻吟也。

暗　下平十二侵、去聲廿七沁　暗泣也。

妊　下平十二侵、去聲廿七沁　孕也。

鵀　下平十二侵、去聲廿七沁　戴勝鳥。

韽　下平十三覃、去聲三十陷　聲小也。

兼　下平十四鹽、去聲廿九豔　幷也。

砭　下平十四鹽、去聲廿九豔　以石刺病。

監　下平十五咸、去聲三十陷　察也。

帆　下平十五咸、去聲三十陷　帆船也。

巉　下平十五咸、上聲廿九豏　險峻貌。

讒　下平十五咸、去聲三十陷　譖也。

第二節　平仄異讀義異例

壹、詩例摘句

一、難

｜｜——｜　——｜｜—

△露重飛難進，風多響易沈。（駱賓王　在獄詠蟬）

｜——｜｜　—｜｜——

△少孤爲客早，多難識君遲。（盧綸　送李端）

案：前例「難」爲平聲，取其不易之義；後例「難」字爲仄聲，取其災難之義。

｜｜———｜｜　——｜｜｜——

△世事茫茫難自料，春愁黯黯獨成眠。（韋應物　寄李儋元錫）

—｜———｜—　｜——｜｜——

△花近高樓傷客心，萬方多難此登臨。（杜甫　登樓）

案：前例「難」字爲平聲，取其困難之義；後例「難」字爲仄聲，取其災難之義。

二、重

｜｜｜—｜　——｜｜—

△不覺碧山暮，秋雲暗幾重。（李白　聽蜀僧濬彈琴）

｜｜——｜　——｜｜—

△露重飛難進，風多響易沉。（駱賓王　在獄詠蟬）

案：前例「重」字爲平聲；取其複疊之義；後例「重」字爲仄聲，取其不輕之義。

｜｜———｜｜　——｜｜｜——

△嶺樹重遮千里目，江流曲似九迴腸。（柳宗元　登柳州城數寄漳汀封連四州刺史）

—｜——｜—｜　———｜｜——

△文吏何曾重刀筆？將軍獨自舞輪臺。（李商隱　漢南書事）

案：前例「重」字爲平聲，取其複疊之義；後例「重」字爲仄聲，取其輕重之義。

三、相

一丨一一丨，一一丨丨一
△相送情無限，沾襟比散絲。（韋應物　賦得暮雨送李曹）

丨丨一一丨，一一丨丨一
△得相能開國，生兒不象賢。（劉禹錫　蜀先主廟）

案：前例「相」字為平聲，取其相互之義；後例「相」字為仄聲，取其官位之義。

一一一丨丨一一，丨丨一一丨丨一
△汀洲無浪復無煙，楚客相思益渺然。（劉長卿　自夏口至鸚鵡洲夕望岳陽寄源中丞）

一丨一一一丨一，丨一一丨丨一一
△丞相祠堂何處尋，錦官城外柏森森。（杜甫　蜀相）

案：前例「相」字為平聲，取其互相之義；後例「相」字為仄聲，取其官位之義。

貳、例字

中：
- 上平一東。中央也。
- 去聲一送。射中也。

籠：
- 上平一東。舉土器也。
- 上聲一董。竹器也。

空：
- 上平一東。天空也。
- 上聲一董。穴也。
- 去聲一送。屢空也。

恫：
- 上平一東。怨恫也。
- 去聲一送。不得志也。

風：
- 上平一東。空氣也。
- 去聲一送。諷也。

朧：
- 上平一東。朦也。
- 上聲一董。月也。

幪：
- 上平一東。幪幪也。
- 上聲一董。
- 去聲一送。蓋巾也。

艟：
- 平聲一東。船狹而長。
- 去聲三絳。短船名。

夢：
- 上平一東。瞢也。
- 去聲一送。夢寐也。

總：
- 上平一東。縫也。
- 上聲一董。聚也。

侗：
- 上平一東。無知也。
- 上聲一董。直也。

供：
- 上平二冬。供給也。
- 去聲二宋。供養也。

從——上平二冬。聽從。由也
　　去聲二送。僕從也。

茸——上平二冬。苔茸也。
　　去聲二宋。草聚貌。

降——上平三江。降服也。
　　去聲三絳。降落也。

吹——上平四支。噓吹也。
　　去聲四寘。鼓吹也。

施——上平四支。設施也。
　　去聲四寘。施給也。

治——上平四支。治理也、
　　去聲四寘。安定也。

氏——上平四支。月氏也。
　　上聲四紙。氏族也。

劑——上平平支。質劵也。
　　去聲八霽。藥劑、調劑也。

縫——上平二冬。裁縫也。
　　去聲二宋。間隙也。

重——上平二冬。複叠也。
　　上聲二董。貴重、不輕。
　　去聲二送。更爲也。

思——上平四支。心念也。
　　去聲四寘。意思也。

陂——上平四支。畜水也。
　　去聲四寘。傾也。

遺——上平四支。失也。
　　去聲四寘。贈遺也。

累——上平四支。索也。
　　去聲四寘。係也。

纚——上平四支。長紳貌。
　　上聲四紙。冠織也。

比——上平四支。帶飾也。
　　上聲四紙。較也、並也。
　　去聲四眞。比黨也。

縱——上平二冬。縱横也。
　　去聲二宋。放縱也。

共——上平二冬。恭也。供也。
　　去聲二宋。同也。皆也。

爲——上平四支。作爲也。
　　去聲四寘。因也。

離——上平四支。別離也。
　　去聲八霽。附離也。

騎——上平四支。騎馬也。
　　去聲四寘。車騎也。

迆——上平四支。透迆也。
　　上聲四紙。邐迆也。

麗——上平四支。長也。
　　去聲八霽。華麗也。

幾——上平五微。庶幾、幾微也。
　　上聲五尾。幾何也。
　　去聲四寘。未已也。

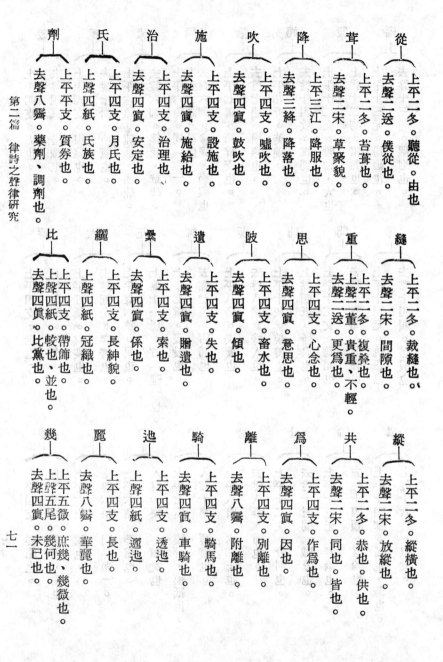

戲：上平四支。虖也。／去聲四寘。遊戲也。

噫：上平四支。恨聲也。／去聲十卦。噫氣也。

疏：上平六魚。疏通、稀疏。／去聲六御。箋疏、章疏。

與：上平六魚。同「歟」。／上聲六語。給與。／去聲六御。參與、猶與也。

惡：上平七虞。語辭安也。／去聲七遇。憎惡也。

娉：上平九青。美貌。／去聲廿四敬。媒娉也。

殷：上平十二文。殷勤、大也。／上聲十二吻。雷聲也。

縕：上平十三元。紛縕也。／去聲十三問。縕袍也。

薺：上平四支。采也。／上聲八薺。菜也。

衣：上平五微。衣裳也。／去聲五未。穿著也。

疋：上平聲六魚。足也。／上聲十一馬。古「雅」也。

鋪：上平七虞。張設也。／去聲七遇。店鋪也。

妻：上平八齊。夫妻也。／去聲八霽。嫁人也。

傀：上平十灰。貌美也。／上聲四紙。怪異也。

聞：上平十二文。聽聞也。／去聲十三問。名譽也。

怨：上平十三元。仇怨也。／去聲十四願。怨恨也。

委：上平四支。委佗也。／上聲四紙。委託、曲也。

予：上平六魚。我也。／上聲六語。同「與」。

躇：上平六魚。躊躇也。／入聲十藥。不順次也。

膜：上平七虞。膜拜、膜紙也。／入聲十藥。薄膜也。

泥：上平八齊。水和土也。／去聲八霽。滯也。

分：上平十二文。分別也。／去聲十三問。職分也。

論：上平十三元。評論也。／去聲十四願。言論也。

單：上平十四寒。孤也、薄也。／上聲十六銑。單父。

難——上平十四寒。不易也。
　　去聲十五翰。災難也。

彈——上平十四寒。鼓也。
　　去聲十五翰。彈丸也。

觀——上平十四寒。視也。
　　去聲十五翰。樓觀也。

冠——上平十四寒。冕也。
　　去聲十五翰。冠軍、弱冠。

漫——上平十四寒。長貌。
　　去聲十五翰。大水也。

間——上平十五刪。中間。
　　去聲十六諫。間隔、間諜。

鮮——下平聲一先。新鮮、鮮卑。
　　上聲十六銑。少也。

燕——下平聲一先。國名。
　　去聲十七霰。鳥名。

縣——下平聲一先。同「懸」。
　　去聲十七霰。郡縣。

禪——下平聲一先。參禪。
　　去聲十七霰。祭也、禪讓。

便——下平聲一先。便宜也。
　　去聲十七霰。便利也。

傳——下平聲一先。傳遞。
　　去聲十七霰。經傳。

扇——下平聲一先。扇動。
　　去聲十七霰。紙扇。

旋——下平聲一先。還也。
　　去聲十七霰。俄頃也。

要——下平聲二蕭。要求、要約。
　　去聲十八嘯。欲得、重要。

燒——下平聲二蕭。火燃也。
　　去聲十八嘯。放火焚燒之處

哨——下平聲二蕭。口不止也。
　　去聲十八嘯。巡哨。

調——下平聲二蕭。調和。
　　去聲十八嘯。聲調、調轉。

敎——下平聲三肴。使爲也。
　　去聲十九效。訓誨也。

號——下平聲四豪。叫號。
　　去聲二十號。號令、名號。

勞——下平聲四豪。倦也、勤也。
　　去聲二十號。慰勞。

和——下平聲五歌。和諧。
　　去聲廿一箇。附和。

那——下平聲五歌。何也。
　　去聲廿一箇。無那。

些——下平聲六麻。少也。
　　去聲廿一箇。楚語辭。

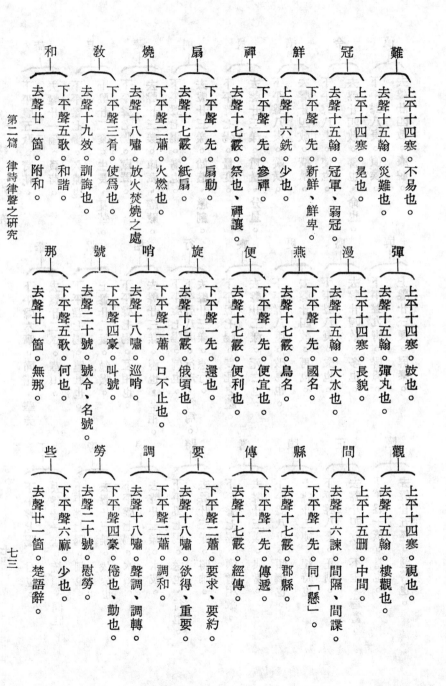

荷—下平聲五歌。荷花、
　　去聲廿一箇。負荷。

長—下平聲七陽。久遠也。
　　上聲廿二養。生長、長輩。

藏—下平聲七陽。藏匿。
　　去聲廿三漾。庫藏、經藏。

創—下平聲七陽。傷也。
　　去聲廿三漾。始造、懲創。

量—下平聲七陽。量度。
　　去聲廿三漾。重量、分量。

横—下平聲八庚。縱横。
　　去聲廿四敬。横暴。

令—下平聲八庚。使也。
　　去聲廿四敬。善也、命也。

偵—下平聲八庚。偵候。
　　去聲廿四敬。廉貌。

華—下平聲六麻。同花、華美
　　去聲廿二禡。華山。

强—下平聲七陽。健壯也。
　　上聲廿二養。勉强。

相—下平聲七陽。互相也。
　　去聲廿三漾。視也、宰相。

行—下平聲七陽。例也。
　　下平聲八庚。行走、行爲。
　　去聲廿三漾。德行。

喪—下平聲七陽。哀死之禮。
　　去聲廿三漾。死亡也。

更—下平聲八庚。改易也。
　　去聲廿四敬。再也。

盛—下平聲八庚。受也。
　　去聲廿四敬。多也。

屏—下平聲九靑。屏風。
　　上聲廿三梗。屏棄。

王—下平聲七陽。君也。
　　去聲廿一漾。統領、同旺。

傍—下平聲七陽。側也。
　　去聲廿三漾。依傍也。

浪—下平聲七陽。水名。
　　去聲廿三漾。水波。

將—下平聲七陽。送也、行也。
　　去聲廿三漾。將帥。

當—下平聲七陽。應當相敵。
　　去聲廿三漾。典當。

頃—下平聲八庚。傾倒也。
　　上聲廿三梗。短時也。

正—下平聲八庚。正朔。
　　去聲廿四敬。不歪、適當。

應—下平聲十蒸。當也。
　　去聲廿五徑。應答也。

乘	下平聲十蒸。駕也、因也。	去聲廿五徑。車乘也。
勝	下平聲十蒸。勝任。	去聲廿五徑。勝利、名勝。
興	下平聲十蒸。興起也。	去聲廿五徑。興趣也。
稱	下平聲十蒸。稱謂、稱讚。	去聲廿五徑。度量、相稱。
不	下平十一尤。否也。	入聲五物。弗也、不可。
吟	下平十二侵。呻吟。	去聲廿七沁。長咏也。
禁	下平十二侵。經得起。	聲去廿七沁。禁止。
任	下平十二侵。堪也、誠篤。	去聲廿七沁。用也、所負。
三	下平十三覃。單數名。	去聲廿八勘。三思。
占	下平十四鹽。卜也、覘也。	去聲廿九艷。佔據也。
儳	下平十五咸。貌惡也。	去聲三十陷。輕言、雜言也。

第九章 四聲遞用說

第一節 四聲之意義

律詩句中平仄之研鍊，乃在求有和諧之音樂節奏，使其聲音具備規律之起伏：出句對句平仄之相異，在求其聲音之錯綜變化；上下聯平仄之黏同，則在求聲音有規則性之同復。是故律詩爲諸詩體中較具節奏美之詩也。

律詩雖以平仄兩類製譜，然詩人爲謀其音韻聲調更爲鏗鏘，極盡變化錯綜之能事，故於平仄兩類之中，更析分爲平、上、去、入四聲。平類爲平聲調，仄類復分上、去、入三種聲調；蓋以聲調若只分平仄，則仄類中全用上聲，或全用入聲，皆不免仍有單調之感。倘能上、去、入互用，則更有或升、或降、或重、或輕

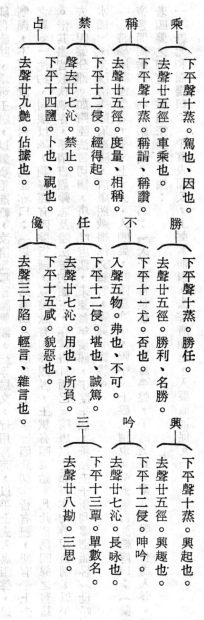

、或緩、或促之變化美矣。故李重華貞一齋詩話曰：「律詩只論平仄，終身不得入門。既講律調，同一仄聲，須細分上、去、入，應入上聲者，不得誤用去、入，反此亦然。」詩人玉屑引載室中語亦曰：「蓋聲律不止平側二聲，當分平、上、去、入四聲。」觀此則律詩除講求平仄二類外，仍須分平、上、去、入四聲亦瞭然矣。

四聲之說起於魏晉之際，漢以前不知有四聲，但曰某字讀如某而已。魏李登著有聲類，亦以五聲命字，唐封演聞見記曰：「魏時有李登者，撰聲類十卷，凡一萬一千五百二十字，以五聲命字。」晉呂靜著有韻集亦仿李登之法。魏書江式傳曰：「晉呂忱弟靜，仿故左校令李登聲類之法，作韻集五卷，宮商角徵羽各爲一篇。」按所謂宮商角徵羽者，實卽四聲也，宮商爲平聲，徵爲上聲，羽爲去聲，角爲入聲，蓋其時未有平上去入四聲之名，故以五聲名目焉。至晉張諒始以四聲爲書之名，其所撰四聲韻林（見隋書經籍志）卽以四聲名篇。其後沈約撰四聲譜，周顒著四聲切韻，四聲大明，南齊書陸厥傳曰：「永明末盛爲文章，吳興沈約、陳郡謝朓、琅琊王融，以氣類相推轂，汝南周顒善識聲韻，約等爲文，皆用宮商，以平上去入爲四聲，以此制韻，不可增減。」封演聞見記亦曰：「周顒好爲體語（按卽反切上下字）因此切字皆有紐，紐有平上去入之異。」沈約、周顒以降，劉善經有四聲指歸，夏侯詠有四聲韻畧，王斌有四聲論。凡此皆爲四聲之舊籍也。惜其書皆散佚無存，僅隋書經籍志及陸法言切韻序，存其書目而已。隋唐以後韻書亦均沿用舊制，以平上去入四聲分部。如隋陸法言切韻，唐孫愐唐韻，宋陳彭年廣韻，丁度集韻，劉淵壬子新刊禮部韻畧（世呼平水韻）、元陰時夫韻府羣玉，淸康熙敕編佩文韻府，等莫不皆然。

詩學所謂四聲者，平、上、去、入四聲，非國語陰平，陽平、上聲之謂也。南史梁書沈約傳曰：「梁武帝嘗問周捨曰：『何謂四聲？』捨曰：『天子聖哲是也。』天爲平聲，子爲上聲，聖爲去聲，哲爲入聲。至若四聲之調値，聲韻家歷有所論：

一、唐元和韻譜曰：「平聲哀而安，上聲厲而舉，去聲淸而遠，入聲直而促。」

二、明釋眞空至鑰匙歌訣曰：「平聲平道莫低昂，上聲高呼猛烈强，去聲分明哀遠道，入聲短促急收藏。」

三、淸顧炎武音論曰：「平聲最長，上去次之，入則詘然而止，無餘音也。」又曰：「其重其疾則爲上，爲去，爲入；其輕其遲則爲平。」

四、淸江永音學辨微曰：「平聲長空，如擊鼓鐘；上去入短實，如擊土木石。」

五、淸張成孫說文韻補曰：「平聲長言，上聲短言，去聲重言，入聲急言。」

六、淸王鳴盛十七史商榷曰：「同一聲也，以舌頭言之爲平，以舌腹言之爲上，急氣言之卽爲去，閉氣言之則爲入。」

第二節　四聲辨之舉讀例

綜觀各家界說，則知四聲之別在於其聲音之長短不同，高低不同，輕重不同也。茲爲學者曉然於四聲之辨，畧以廣韻韻部及佩文韻府韻部配合四聲，以供參考：

壹、廣韻韻目四聲相配：

平上去入

1. 東董送屋	2. 多湩宋速	3. 鍾腫用燭	4. 江講絳覺	5. 眞軫震質	6. 諄準稕術	7. 臻𧤛齔櫛
8. 文吻問物	9. 欣隱焮迄	10 元阮願月	11 痕很恨麧	12 魂混慁沒	13 寒旱翰曷	14 桓緩換末
15 刪潸諫黠	16 山產襉鎋	1. 先銑霰屑	2. 仙獮線薛	3. 陽養漾藥	4. 唐蕩岩鐸	5. 庚梗映陌
6. 耕耿諍麥	7. 淸靜勁昔	8. 靑迥徑錫	9. 蒸拯證職	10 登等嶝德	11 侵寢沁緝	12 覃感勘合
13 談敢闞盍	14 鹽琰艷葉	15 添忝㮇帖	16 咸豏陷洽	17 銜檻鑑狎	18 嚴儼釅業	19 凡范梵乏

貳、佩文韻府上下平韻各十五部，每部任取一字，依其平上去入四聲相配如下：

上平韻目	平上去入						
1. 東	東董凍篤	2. 多	融勇用郁	3. 江	江講絳覺	4. 支	支止志質
5. 微	微尾未物	6. 魚	魚語御月	7. 虞	孤古故割	8. 齊	西洗細膝

9.佳　佳解戒吉　10灰　該改蓋葛　11眞　眞軫震質　12文　文吻問物

13元　元阮願月　14寒　寒旱汗合　15刪　刪潸諫黠

下平韻目

1.先　先選綫息　2.蕭　蕭小笑屑　3.肴　交狡校脚　4.豪　高稿誥閣

5.歌　歌果過骨　6.麻　麻馬禡陌　7.陽　陽養漾藥　8.庚　淸靜勁昔

9.靑　靑等嶝錫　10蒸　蒸拯證職　11尤　尤有宥葉　12侵　金錦禁急

13覃　甘感紺鴿　14鹽　鹽琰豔業　15咸　緘減鑑甲

第三節　四聲遞用說

聲調四譜圖說曰：「杜甫爲審言之從孫，詩律最細，故杜甫有『詩是吾家事』句，無論五律、七律，其最重要之法有二：㈠爲一句之中，四聲俱備。必上去入相間。㈡爲第一句、第三句、第五句、第七句之末一字，不可連用兩上聲，或兩去聲、或兩入聲。律詩備此二法，讀之必聲調鏗鏘，方盡四聲之妙。」此爲深中肯綮之論。竊以爲此說因沈約「鶴膝病」之禁忌而產生，蓋鶴膝者第五字與第十五字同聲也。欲避此病，則第五字自不得與第十五字同聲。亦卽五言詩中第一句句末字不得與第三句句末字同聲。若引而伸之，則第三句句末字不得與第五句句末字同聲，第五句句末字不得與第七句句末字同聲。如是則可謂首聯、頷聯、頸聯、尾聯之出句句末字不得同聲也。故八句律詩中，若首句不入韻，則出句句末字可有「上、去、入」三聲遞用；若首句入韻，則出句句末字可有「平、上、去、入」四聲遞用矣。五律四聲遞用既定，七律遂亦沿用之。

壹、句中四聲遞用舉隅：

一、五律例

△和晉陵陸丞早春游望　杜審言

入上去平平　平平入去平　平平入上去　平上去平平　入去平平上　平平上入平　入平平上去
獨有宦遊人，偏驚物候新。雲霞出海曙，梅柳渡江春。淑氣催黃鳥，晴光轉綠蘋。忽聞歌古調，

平去入平平
歸思欲沾巾。

二、七律例

△行經華陰　崔顥

平平去去上平平　平去平平入入平　上去平平平入去　平平上上上平平
岧嶤太華俯咸京，天外三峯削不成。武帝祠前雲欲散，仙人掌上雨初晴。

平平入去平平上　入去平平去上平　去去去平平去入　平平上去入平平
河山北枕秦關險，驛路西連漢畤平。借問路傍名利客，何如此處學長生。

上二例雖未能句句必平、上、去、入四聲遞用，然可謂之十得八九。

貳、出句句末字四聲遞用舉隅：

一、五律例：

1. 仄起式首句不入韻

△望月懷遠　張九齡

海上生明月（入），天涯共此時。（首聯）情人怨遙夜（去），竟夕起相思。（頷聯）

滅燭憐光滿（上），披衣覺露滋。（頸聯）不堪盈手贈（去），還寢夢佳期。（尾聯）

2. 仄起式首句入韻

△宿桐廬江寄廣陵舊遊　孟浩然

山暝聽猿愁（平），滄江急夜流。（首聯）風鳴兩岸葉（入），月照一孤舟。（頷聯）

建德非吾土（上），維揚憶舊遊。（頸聯）還將兩行淚（去），遙寄海西頭。（尾聯）

3.平起式首句不入韻

△酬張少府　王維

晚年惟好靜（去），萬事不關心。（首聯）自顧無長策（入），空知反舊林。（頷聯）
松風吹解帶（去），山月照彈琴。（頸聯）君問窮通理（上），漁歌入浦深。（尾聯）

4.平起式首句入韻

△沒蕃故人　張籍

前年戍月支（平），城下沒全師。（首聯）蕃漢斷消息（入），死生長別離。（頷聯）
無人收廢帳（去），歸馬識殘旗。（頸聯）欲祭疑君在（上），天涯哭此時。（尾聯）

二、七律例：

1.平起式首句入韻

△詠懷古跡　杜甫

羣山萬壑赴荆門（平），生長明妃尚有村。（首聯）一去紫臺連朔漠（入），
獨留靑冢向黃昏。（頷聯）畫圖省識春風面（去），環珮空歸月夜魂。（頸聯）
千載琵琶作胡語（上），分明怨恨曲中論。（尾聯）

2.平起式不入韻

△寄李儋元錫　韋應物

去年花裏逢君別（入），今日花開又一年。（首聯）世事茫茫難自料（去），
春愁黯黯獨成眠。（頷聯）身多疾病思田里（上）。邑有流亡愧俸錢。（頸聯）
聞道欲來相問訊（去），西樓望月幾回圓。（尾聯）

3.仄起式首句入韻

△蜀相　　杜甫

丞相祠堂何處尋（平）？錦官城外柏森森。（首聯）映階碧草自春色（入），隔葉黃鸝空好音。（頷聯）三顧頻煩天下計（去），兩朝開濟老臣心。（頸聯）出師未捷身先死（上），常使英雄淚滿襟。（尾聯）

4. 仄起式首句不入韻

△詠懷古跡　　杜甫

諸葛大名垂宇宙（去），忠臣遺像肅清高。（首聯）三分割據紆籌策（入），萬古雲霄一羽毛。（頷聯）伯仲之間見伊呂（上），指揮若定失蕭曹。（頸聯）運移漢祚終難復（去），志決身殲軍務勞。（尾聯）

第四節　國語四聲與平、上、去、入四聲

自魏晉以降，凡切韻、唐韻、廣韻、集韻、平水韻、韻府羣玉、佩文韻府，皆以平上去入四聲制韻。今世推行之國語，亦有四聲，然已非舊制矣。蓋國語之四聲爲陰平（卽第一聲）、陽平（卽第二聲）、上聲（卽第三聲）、去聲（卽第四聲）。詩韻之入聲於國語中固已杳然無迹可尋，卽國語之陰平、陽平、上、去、聲亦不盡同於詩韻之平上去三聲！今之學者往往僅習國語四聲，於詩韻平上去入四聲已不甚了解，卽或畧知大意，亦難窺其究竟。如此而欲學爲詩，其艱困之情，豈不倍蓰於往昔乎？然爲之固自有法也。

槪畧言之，現代國語陰平、陽平二聲，及上聲去聲中，除所有舊日之全部入聲字，分別歸併外。餘則大致仍屬詩韻之平上去三聲，亦卽國語之陰平、陽平相當於詩韻中之平聲，國語之上聲亦相當於詩韻中之上聲，國語之去聲相當於詩韻中之去聲。是故若將現行國語中之入聲字全行剔出，另加研習，則國語之平上去三聲，與詩韻所列，無多差異，而平仄之聲律，亦昭然若揭矣。

壹、國語陰平屬入聲字者

ㄅㄚ：八、捌。ㄅㄛ：鉢、缽、撥、剝。ㄅㄧ：逼、偪。ㄅㄧㄝ：鼈、憋。ㄆㄛ：潑。
ㄆㄧ：劈、霹、匹。ㄆㄧㄝ：撇、瞥。ㄆㄨ：扑、撲、仆。ㄇㄛ：摸。ㄈㄚ：發、伐。
ㄉㄚ：答、搭、褡。ㄉㄧ：滴。ㄊㄚ：塌。ㄊㄧ：剔、踢。ㄊㄧㄝ：帖、貼、怗。
ㄊㄨ：禿、鵚、鋵。ㄊㄨㄛ：托、託、侂、脫。ㄋㄧㄝ：捏、揑。ㄍㄜ：擱、疙、紇、肐、胳、
割、鴿。ㄍㄨㄚ：刮、颳、括、适、聒、栝、鴰。ㄍㄨㄛ：郭、郭、蟈、嘓。ㄎㄜ：瞌、磕、刻
。ㄎㄨ：窟、哭。ㄏㄜ：喝。ㄏㄨ：忽、惚、唿、欻。ㄐㄧ：激、迹、蹟、積、績、勣、
屐、咭。ㄐㄧㄝ：揭、接。ㄐㄩㄝ：噘、橛、。ㄑㄧ：七、柒、漆、戚、慼。ㄑㄧㄝ：
切。
ㄑㄩ：曲、蛐、屈、詘。ㄑㄩㄝ：缺、闕。ㄒㄧ：吸、扱、悉、蟋、窸、析、晳、晰、淅、膝、蜥。
ㄒㄧㄚ：瞎。ㄒㄧㄝ：歇、蠍、蝎、猲。ㄒㄩ：戌。ㄒㄩㄝ：薛、辥。
ㄓㄚ：扎。ㄓㄜ：蟄。ㄓㄨㄛ：桌、棹、卓、棹、捉、涿。ㄓ：隻、汁、織。
ㄔㄨ：出、齣。ㄕ：失、濕、溼、蝨、虱。ㄕㄚ：殺、鎩。ㄔ：喫、吃。ㄔㄚ：插、揷。
ㄘㄚ：擦。ㄙㄚ：撒。ㄧ：壹、一、揖。ㄧㄚ：押、鴨、壓。ㄗㄚ：帀、匝、咂、唼、紮。
ㄨㄚ：挖。ㄧㄝ：噎。ㄨ：屋。

貳、國語陽平屬入聲字者

ㄅㄚˊ：拔、跋、鈸、茇、魃。ㄅㄛˊ：白、柏、舶、帛、伯、箔、泊、百、佰、孛、浡、鵓、勃、渤、博
、鎛、薄、礴、襮、駁、雹、葡、鈸、踣。ㄅㄧˊ：鼻、荸。ㄅㄧㄝˊ：別、蹩。ㄅㄨˊ：醭。
ㄆㄨˊ：僕、僕、幞、朴、鏷、濮、蹼。ㄈㄚˊ：乏、筏、閥、垡、砝、罰、罸。ㄈㄨˊ：弗、佛、髴、彿
、拂、茀、紼、咈、艴、氟、虙、宓、洑、伏、茯、洑、袱、服、菔、鵩、袚、韍、黻、紱、芾、福、幅、

蝠、輻、匐、綍、縛。ㄉㄚˊ：荅、答、達、韃、噠、鍵、縫、妲、靼、怛、笡。ㄉㄜˊ：得、德。
ㄉㄧˊ：笛、廸、迪、狄、荻、敵、嫡、適、蹢、鏑、覿、滌、翟、糴、的。ㄉㄧㄝˊ：牒、喋、堞、蝶、
蹀、牃、諜、鰈、跌、瓞、昳、眣、垤、耋、絰、咥、褶、疊叠。ㄉㄨˊ：讀、犢、牘、讟、瀆、殰、櫝
、匵、黷、殰、獨、髑、毒、纛。ㄉㄨㄛˊ：奪、鐸、澤、掇、裰、剟、斀。ㄊㄨˊ：凸、突、腯。
ㄊㄨㄛˊ：槖。ㄋㄧㄝˊ：苶。ㄍㄜˊ：格、閣、骼、閤、蛤、郃、韐、革、鬲、隔、槅、膈、鎘、
葛、輵、搿。ㄍㄨˊ：骨。ㄍㄨㄛˊ：國、摑、幗、虢、馘。ㄎㄜˊ：咳、欬、殼、㱿。
ㄏㄜˊ：合、盒、郃、鉿、曷、褐、鞨、鶡、盍、闔、嗑、劾、核、閡、覈、貉、紇、齕、涸、翮。
ㄏㄨㄚˊ：劃、滑、猾。ㄏㄨㄛˊ：活。ㄐㄧˊ：及、級、汲、伋、岌、芨、笈、圾、鈒、亟、極、殛、
吉、急、擊、墼、卽、喞、脊、瘠、蹐、鶺、疾、嫉、蒺、集、吃、籍、藉、耤、踖、輯、楫、戢、蕺、棘
、寂。ㄐㄧㄚˊ：袷、浹、夾、鋏、莢、郟、蛺、頰、恝、戛。ㄐㄧㄝˊ：潔、絜、結、拮、桔、詰、
鮚、袺、劼、頡、擷、刦、桀、傑、杰、楬、羯、碣、偈、竭、訐、孑、蝍、節、櫛、捷、婕、睫、截。
ㄐㄩˊ：局、侷、跼、挶、匊、菊、掬、鞠、鞫、橘、鶪、駃。ㄐㄩㄝˊ：決、抉、訣、觖、玦、鴃、倔、
、掘、崛、桷、角、厥、劂、蕨、橛、蹶、獗、𤷾、鱖、噱、臄、譎、鐍、玨、孑、覺、爵、嚼、爝、傕、
絕、蕝、矍、钁、蹻。ㄑㄩˊ：趉、麴。ㄒㄧˊ：覡、昔、惜、腊、息、媳、熄、習、褶、襲、席、蓆
、錫、裼、板、隰、檄。ㄒㄧㄚˊ：俠、狹、硤、峽、匣、狎、柙、轄、鍺、黠、洽、袷。
ㄒㄧㄝˊ：協、恊、勰、叶、脅、脇、挾、頡、擷、絜。ㄒㄩㄝˊ：學、鷽、穴。ㄓˊ：直、值、植、殖

、埴、稙、質、執、縶、摭、跖、姪、侄、職、擲、蹢。ㄓㄚˊ：札、扎、紮、箚、閘、鍘、哳、炸。ㄓㄜˊ：折、轍、摺、慴、懾、囁、哲、悊、蜇、謫、樀、蟄、磔、翟、輒、讋。ㄓㄨˊ：竹、竺、燭、蠋、朮、築、筑、逐、柚、軸、舳、妯。ㄓㄨㄛˊ：着、著、酌、灼、濁、鐲、琢、諑、啄、椓、濯、擢、卓、倬、焯、踔、拙、茁、斲、斫、斮、繳、鷟、浞、梲。ㄕˊ：十、什、拾、石、碩、鼫、祏、食、蝕、實、寔、湜、射。ㄕㄜˊ：舌、折、揲。ㄗㄜˊ：則、鰂、擇、澤、責、嘖、賾、幘、簀、笮、迮、窄、舴、賊。ㄗㄨˊ：足、卒、捽、族、嗾、鏃。ㄗㄨㄛˊ：昨、捽。ㄙㄨˊ：俗。ㄜˊ：額。

叁、國語上聲字屬入聲字者

ㄅㄨˇ：卜。ㄆㄧˇ：劈、癖、匹、疋。ㄈㄚˇ：法、髮。ㄉㄨˇ：篤。ㄊㄚˇ：塔、獺。ㄊㄧㄝˇ：帖、鐵、驖。ㄍㄜˇ：合、葛、蓋。ㄍㄨˇ：骨、滑、榾、鶻、穀、轂、鵠、谷、汩。ㄍㄨㄛˇ：椁、槨。ㄎㄜˇ：渴。ㄐㄧˇ：戟、給、脊。ㄐㄧㄚˇ：甲、鉀、岬、胛。ㄑㄧˇ：乞。ㄑㄩˇ：曲。ㄒㄩㄝˇ：雪。ㄓㄚˇ：眨。ㄓㄨˇ：囑、矚、劚。ㄔˇ：尺。ㄕㄨˇ：蜀、屬。ㄖㄨˇ：辱。ㄘㄚˇ：礤。ㄙㄚˇ：撒、靸。ㄙㄨㄛˇ：索。ㄧˇ：乙。

肆、國語去聲字屬入聲字者

ㄅㄛˋ：亳、擘、北。ㄅㄧˋ：必、苾、辟、壁、璧、嬖、畢、蹕、華、嗶、韠、弼、碧、愎、百、愊、楅、湢、觱。ㄅㄧㄝˋ：鷩。ㄅㄨˋ：不。ㄆㄛˋ：迫、粕、珀、拍、魄、朴、醱。ㄆㄧˋ：僻、闢、辟、擗、甓、澼。ㄆㄨˋ：瀑、曝、暴。

ㄇㄛˋ：末、抹、沫、茉、秣、靺、袜、莫、寞、漠、膜、瘼、驀、鄚、默、墨、纆、嘿、麥、沒、歿、貉、陌、脈、冒。 ㄇㄧˋ：泌、祕、秘、宓、密、蜜、謐、覓、冪、汨。 ㄇㄧㄝˋ：滅、蔑、篾、蠛。 ㄇㄨˋ：木、沐、霂、幕、目、苜、牧、鶩、鉬、睦、穆、繆。 ㄈㄚˋ：法、珐。 ㄈㄨˋ：复、復、腹、複、蝮、馥、覆、鰒。 ㄉㄧˋ：的、玓。 ㄉㄨㄛˋ：度、踱、咄。 ㄊㄚˋ：沓、踏、榻、拓、蹋、闒、遢、達、撻、闥、遝、嚃、嗒、獺、漯。 ㄊㄜˋ：特、忒、貸、慝、忑。 ㄊㄧˋ：惕、悐、逖、倜、俶、趯。 ㄊㄧㄝˋ：帖、餮。 ㄊㄨㄛˋ：拓、跅、柝、籜、蘀、魄。 ㄋㄚˋ：納、吶、訥、肭、衲、鈉、捺。 ㄋㄜˋ：訥。 ㄋㄧˋ：匿、暱、溺、逆、惄、嶷。 ㄋㄧㄝˋ：隉、聶、齧、臬、闑、鎳、涅、蘖、蘗、孼、囓。 ㄋㄨㄛˋ：諾、搦。 ㄋㄩˋ：朒、恧、忸、衄。 ㄋㄩㄝˋ：虐、瘧、謔。 ㄌㄚˋ：辣、剌、鬎、蠟、臘、鑞、腊。 ㄌㄜˋ：肋、仂、泐、勒、鰳、樂、捋、埒。 ㄌㄧˋ：力、立、粒、笠、苙、栗、慄、溧、篥、瑮、秝、厤、曆、櫪、歷、瀝、癧、靂、櫟、礫、轢、酈、鬲。 ㄌㄧㄝˋ：列、冽、烈、裂、洌、茢、獵、躐、鬣、捩、劣。 ㄌㄨˋ：鹿、漉、簏、麓、轆、菉、綠、氯、彔、祿、碌、錄、淥、逯、籙、踛、騄、戮、僇、勠、蓼、陸、稑、六、角。 ㄌㄨㄛˋ：洛、雒、絡、落、酪、烙、駱、珞、咯、犖、濼。 ㄌㄩˋ：律、葎、索、壘、率、綠、菉、氯。 ㄍㄜˋ：各、鉻、虼。 ㄍㄨˋ：告、梏、牿。 ㄎㄜˋ：克、尅、氪、客、恪、嗑、溘、榼、刻、緙。 ㄎㄨˋ：酷、嚳。 ㄎㄨㄛˋ：濶、括、廓、鞹、擴、礦。 ㄏㄜˋ：赫、嚇、郝、黑、暍、喝、鶴。 ㄏㄨˋ：笏。

ㄏㄨㄚˋ劃、嫿。ㄏㄨㄛˋ：或、惑、獲、嚄、濩、穫、彠、蠖、鑊、霍、藿、豁、濊、諕、壑。
ㄐㄧˋ：鯽、稷。ㄐㄩˋ：劇。ㄑㄧˋ：迄、訖、汔、泣、緝、葺、磧。ㄑㄧㄚˋ：恰、洽、帢。
ㄑㄧㄝˋ：怯、契、鍥、挈、愜、篋、切、妾、竊、堨、慊。ㄑㄩㄝˋ：却、怯、確、搉、㱿、慤、埆、确
、闕、闋、碏、鵲、雀。ㄒㄧˋ：翕、歙、隙、虩、郤、綌、肸、鬩、舄、夕、汐、穸。ㄒㄧㄚˋ：嚇。
ㄒㄧㄝˋ：契、楔、泄、紲、洩、絏、渫、媟、屟、燮、褻、屑、卨、暬。ㄒㄩˋ：畜、蓄、畜、勖、頊、
旭、洫、侐、恤、卹、賉。ㄒㄩㄝˋ：穴、血、削、雪。ㄓˋ：窒、桎、庢、銍、郅、郅、秩、帙、
紩、陟、炙、騭、鷙、躓。ㄓㄚˋ：柵。ㄓㄜˋ：這、浙。ㄓㄨˋ：祝、粥。ㄔˋ：斥、敕、勅、
勑、飭、赤、叱、彳、抶。ㄔㄚˋ：剎。ㄔㄜˋ：徹、澈、撤、轍、掣、坼、拆。ㄔㄨˋ：畜、搐、
觸、歜、斪、怵、黜、詘、俶、亍、矗。ㄔㄨㄛˋ：綽、歠、啜、輟、醊、惙、齪、辵、婼。ㄕˋ：式、
拭、軾、室、釋、識、適、飾、螫、奭。ㄕㄜˋ：設、懾、攝、涉。ㄕㄚˋ：霎、箑、煞、歃。
ㄕㄨˋ：術、述、沭、束、倏。ㄕㄨㄛˋ：勺、芍、妁、朔、搠、槊、爍、鑠、數、碩、率、蟀。
ㄖㄨˋ：辱、溽、褥、縟、蓐、鄏、入、肉。ㄖㄨㄛˋ：若、鄀、箬、篛、弱、蒻、爇。ㄗㄜˋ：仄、昃
、矢、側。ㄗㄨㄛˋ：作、柞、怍、酢、鑿。ㄘㄨˋ：猝、促、趣、蹴、瘯、簇、蹙、踧。ㄘㄨㄛˋ
：剒、撮。ㄙㄚˋ：颯、薩、趿。ㄙㄜˋ：色、瑟、璱、塞、嗇、穡、濇、畚、
澀、圾。ㄙㄨˋ：肅、驌、橚、鷫、速、涑、餗、餗、蔌、簌、宿、縮、蓿、夙、粟、謖、窣、。

ㄜˋ：惡、堊、啞、咢、愕、鄂、鄂、鶚、諤、鍔、鱷、顎、齶、戹、扼、阨、軛、呃、遏、閼、歺、歹、、餩。　一ˋ：弋、杙、黓、亦、帟、弈、易、埸、蜴、邑、浥、悒、挹、佚、劮、泆、軼、役、疫、億、憶、臆、睪、懌、嶧、繹、譯、驛、圛、益、溢、嗌、鎰、縊、鷁、翼、翌、翊、熠、佾、逸、屹、仡、抑、射、掖、腋、液。　一ㄚˋ：軋、揠。　一ㄝˋ：葉、頁、業、鄴、謁、曄、燁、靨、擪、咽、饁。　ㄨˋ：兀、杌、𨓜、勿、物、沕、沃。　ㄨㄚˋ：襪、袜、嗢、膃。　ㄨㄛˋ：握、幄、渥、齷、沃、斡、矱、蠖、臒。　ㄩˋ：玉、鈺、域、緎、棫、蜮、罭、閾、彧、浴、欲、慾、峪、鵒、毓、育、堉、郁、昱、煜、聿、矞、驈、燏、鷸、鬻、鬱、燠、澳、獄。　ㄩㄝˋ：月、刖、悅、閱、鉞、越、樾、樂、藥、耀、曜、躍、龠、籥、鑰、瀹、爚、禴、岳、粵、嶽、鸑、軏。

第三篇　律詩之韻律研究

韻律之講究亦爲律詩之要件。蓋律詩除聲律而外，韻律亦爲關鍵所在，平仄四聲固可表現節奏美，而押韻所表現之節奏，更爲顯明。律詩每兩句爲一聯。第二句句末，爲押韻處（韻脚）韻至則聯結，其意盡也。吾人吟詠律詩之時，每覺鏗鏘易誦聽之琅琅悅耳，蓋亦押韻之故。

第一章　律詩用韻之起源

韻律之講求自沈約始，蓋約創八病之說，其中「上尾」，亦謂之土崩病，辭人以爲避忌，犯者至謂之未涉文途。齊梁以前，時有此病。如：

△晉　張華之遊仙詩

雲霓垂藻旒（平），羽桂揚氣裾（平韻）。
飄登清雲間（平），論道神皇廬（平韻）。
簫史登鳳音（平），王后吹鳴竽（平韻）。
守精味玄妙（仄），逍遙無爲墟（平）。

△晉　陶潛之諸人共遊周家墓柏下

今日天氣佳（平），清吹與鳴彈（平韻）。
感彼柏下人（平），安得不爲歡（平韻）。
清歌發新聲（平），綠酒開芳顏（平韻）。

未知明日事（仄），余襟良已殫（平）。

△宋 謝靈運之初去郡

憩石挹飛泉（平），攀林搴落英（平韻）。

戰勝臞者肥（平），止鑑流歸停（平韻）。

△宋 鮑照之日落望江贈荀丞

旅人乏愉樂（仄），薄暮增思深（平韻）。

日落嶺雲歸（平），延頸望江陰（平韻）。

亂流入大壑（仄），長露匝高林（平韻）。

林際無窮極（仄），雲邊不可尋（平韻）。

惟見獨飛鳥（仄），千里一揚音（平韻）。

惟其感物情（平），則知遊子心（平韻）。

君居帝京內（仄），高會日揮金（平韻）。

豈念暮羣客（仄），咨嗟戀景沈（平韻）。

觀此可知晉宋時代之詩，犯「上尾」病者甚多，蓋以其時並不措意於此故也。至永明以後，沈約揭出上尾病之旨，韻律益精，由是犯此病者遂稀。約詩一百五十首中，犯「上尾」者僅三首四句而已。

1. 天嬌乘絳仙（平），螭衣方陸離（平）。（和竟陵王遊仙詩）
2. 弦缺更圓合（入），浮雲永沈滅（入）。（長歌行）
3. 功名識所職（入），竹帛尋摧裂（入）。（長歌行）
4. 熙熙億兆臣（平），其志皆懽愉（平）。（明之君）

沈約後，梁詩之犯此者，殆亦不多見。至范雲之巫山高，庾信之烏夜啼詩二首已是五七律之韻律矣。

△巫山高　　范雲

巫山高不極，白日隱光煇（平）。（微韻）
靄靄朝雲去，冥冥暮雨歸（平）。（微韻）
巖懸獸無迹，林暗鳥疑飛（平）。（微韻）
枕席竟誰薦，相望徒依依（平）。（微韻）

△烏夜啼　　庾信

促柱繁絃非子夜，歌聲舞態異前溪。（齊韻）
御史府中何處宿，洛陽城頭那得棲？（齊韻）
彈琴蜀郡卓家女，織錦秦川竇氏妻。（齊韻）
詎不自驚長淚落，到頭啼烏恒夜啼。（齊韻）

由上尾病之避忌，第五字不得與第十字同韻。律詩以兩句爲一聯，故一聯之中出句句末與對句句末不得同韻。引而伸之各聯皆然，故形成隔句押韻之現象。

律詩之押韻，旣以隔句押韻爲準則。而平、上、去、入四聲均可爲韻脚。故有所謂仄韻律詩與平韻律詩之別，然四聲之中，平聲字爲獨多，詩人爲取字之便，故恒喜以平聲爲韻，而以仄聲押韻者甚少，況律詩多以兩句爲一意，意之盡處，畧事停頓，若安以平韻字，其音聲當更悠揚，一曲旣終，若猶有繞梁之感，此所以律詩，押韻終取平韻也。

第二章　律詩押韻之種類

第一節　仄韻律詩

甲、五律例：

△重陽玉律應，萬乘金輿出（質韻）。風起韻虞絃，雲開吐堯日（質韻）。
菊花逢聖酒，茱萸挂衰質（質韻）。欲知恩煦多，順動觀秋實（質韻）。
（鄭南金　奉和九日幸臨渭亭登高應制）

△山頭成壇路，幽映雲巖側（職韻）。四面靑石牀，一峯苔蘚色（職韻）。
松風靜復起，月影開還黑（職韻）。何獨乘月來，殊非盡所得（職韻）。
（姚合極玄集中靈一詩）

△秋月照瀟湘，月明聞盪槳（養韻）。石橫晚瀨急，水落寒沙廣。（養韻）
衆嶺猿嘯重，空江人語響（養韻）。淸暉朝復暮，如待扁舟賞。（養韻）
（劉長卿　湘中紀行十首之一）

△瀠湘幽壁下，深淨如無力（職韻）。風起不成文，月來同一色。（職韻）
地靈草木瘦，人遠煙霞逼（職韻）。往往疑列仙，圍棊在巖側。（職韻）
（劉禹錫　海陽十詠之一蒙池）

乙、七律例：

△簷前白日應可惜，籬下黃花爲誰有。（有韻）行子迎霜未換衣，主人得錢始沽酒。（有韻）

———|——|，||——|—|
蘇秦憔悴時多飲，蔡澤栖惶世應醜。（有韻）
||——||—，|—||——|
縱使登高只斷腸，不如獨坐空迴首。（有韻）

（高適　九月九日酬顏少府）

||———||，——||——|
△絕代佳人何寂寞，梨花未發梅花落。（藥韻）
——|||——，—|——|—|
東風吹雨入西園，銀線千條度靈閣。（藥韻）
||——||—，|—||——|
臉粉難勻蜀酒濃，口脂易印吳綾薄。（藥韻）
—|||——，||——|—|
嬌嬈意緒不勝差，顧倚郎君永相著。（藥韻）

（韓偓　意緒）

第二節　平韻律詩

甲、五律例

一、仄起式首句不入韻平韻詩例：

△天地英雄氣，千秋尚凜然！（先韻）勢分三足鼎，業復五銖錢。（先韻）得相能開國，生兒不象賢。（先韻）淒涼蜀故妓，來舞魏宮前。（先韻）

（劉禹錫　蜀先主廟）

二、仄起式首句入韻平韻詩例：

△戍鼓斷人行（庚韻），邊秋一雁聲。（庚韻）露從今夜白，月是故鄉明。（庚韻）有弟皆分散，無家問死生。（庚韻）寄書長不達，況乃未休兵。（庚韻）

（杜甫　月夜憶舍弟）

三、五律平起式首句不入韻詩例：

△空山新雨後，天氣晚來秋。（尤韻）明月松間照，清泉石上流。（尤韻）
竹喧歸浣女，蓮動下漁舟。（尤韻）隨意春芳歇，王孫自可留。（尤韻）
（王維　山居秋瞑）

四、五律平起式首句入韻平韻詩例：

△前年戍月支，（支韻）城下沒全師。（支韻）蕃漢斷消息，死生長別離！（支韻）
無人收廢帳，　歸馬識殘旗。（支韻）欲祭疑君在，天涯哭此時。（支韻）
（張籍　沒蕃故人）

乙、七律例

一、七律平起式首句入韻平韻詩例：

△蓬門未識綺羅香，（陽韻）擬託良媒亦自傷。（陽韻）誰愛風流高格調，共憐時世儉梳妝。（陽韻）
敢將十指誇鍼巧，不把雙眉門畫長。（陽韻）苦恨年年壓金線，爲他人作嫁衣裳。（陽韻）
（秦韜玉　貧女）

二、七律平起式首句不入韻平韻詩例：

△舍南舍北皆春水，但見羣鷗日日來。（灰韻）花徑不曾緣客掃，蓬門今始爲君開。（灰韻）
盤飧市遠無兼味，樽酒家貧只舊醅。（灰韻）肯與鄰翁相對飲，隔籬呼取盡餘杯。（灰韻）
（杜甫　客至）

三、七律仄起式首句入韻平韻詩例：

△相見時難別亦難，（寒韻）東風無力百花殘。（寒韻）春蠶到死絲方盡，蠟炬成灰淚始乾。（寒韻）
曉鏡但愁雲鬢改，夜吟應覺月光寒。（寒韻）蓬萊此去無多路，青鳥殷勤爲探看。（寒韻）
（李商隱　無題）

四、七律仄起式首句不入韻平韻詩例：

△諸葛大名垂宇宙，宗臣遺像肅清高。（豪韻）三分割據紆籌策，萬古雲霄一羽毛。（豪韻）伯仲之間見伊呂，指揮若定失蕭曹。（豪韻）運移漢祚終難復，志決身殲軍務勞。（豪韻）

（杜甫　詠懷古迹）

丙、排律例

一、五言排律平韻詩例：

△漾舟乘水便，因訪故人居。（魚韻）落日清川裏，誰言獨羨魚？（魚韻）石潭窺洞徹，沙岸歷紆餘。（魚韻）竹嶼見垂釣，茅齋聞讀書。（魚韻）款言忘景夕，清興屬涼初。（魚韻）回也一瓢飲，賢哉常晏如。（魚韻）

（孟浩然　西山尋辛諤）

二、七言排律平韻詩例：

△亦知世是休明世，自想身非富貴身。（眞韻）但恐人間爲長物，不如林下作遺民。（眞韻）遊依二室成三友，住近雙牀愛四鄰。（眞譜）性海澄渟平少浪，心田洋抑淨無塵。（眞韻）香山閣客一千夜，梓澤連遊十六春。（眞韻）是客相逢皆故舊，無僧每見不殷勤。（眞韻）藥停有喜閒銷疾，金盡無憂醉亡貧。（眞韻）補綻衣裳媿妻女，支持酒肉賴交親。（眞韻）俸隨日計錢盈貫，祿逐年支粟滿囷。（眞韻）洛堰魚鱗供取定，游鄘早熟饋爭新。（眞韻）詞章一人傳千古，壽命天教過七旬。（眞韻）檢點一生僥倖事，東都除我更無人。（眞韻）

（白居易　狂吟）

第三章　韻書

第一節　韻書沿革

詩經雖用韻脚，然猶未有韻書，韻書之創作始於魏李登撰聲類，封演聞見記曰：「魏時有李登者，撰聲類十卷，凡一萬一千五百二十字，以五聲命字。」繼之晉呂靜有韻集，周彥倫有四聲切韻，夏侯詠有韻畧，陽休之有韻畧，周思言有音韻，李季節有音譜，杜臺卿有韻畧（見陸氏切韻敍），皆其著者也。惜諸籍皆散佚無存，不可詳考矣。今存韻書可考者，以隋陸法言切韻爲最早，該書論南北是非，古今通塞，承上諸作而集其大成，共爲五卷。切韻全本雖亦亡佚，幸喜今有切韻殘本發現，尚可見其梗概，唐孫愐撰唐韻分二百六部，共二百零六韻目，成爲官定韻書。惜亦散佚不整。宋大中祥符元年陳彭年、邱雍等，奉敕修訂唐韻，賜名大宋重修廣韻。宋景祐四年，詔令丁度等另編禮部韻畧，以爲科試之用。同年又詔令宋祁等，刋修廣韻，改名集韻。唐韻、廣韻、集韻均依法言切韻舊目，畧加改易。至南宋淳祐十二年，江北平水劉淵編壬子新刋禮部韻畧，改二百六韻目爲一百七韻目，世稱平水韻。元末陰時夫復據平水韻，刪去上聲「拯」韻，而成一百零六韻，爲韻府羣玉。明代樂詔鳳、宋濂等奉命纂修洪武正韻。清代康熙敕編佩文韻府，其韻目亦同韻府羣玉。民國三十年十月復有中華新韻之頒行。綜觀上列，韻書雖多，然現時爲詩，以沿用平水韻，韻府羣玉或佩文韻府者爲獨多。

第二節　詩韻韻目與廣韻韻目相配表

壹、平聲

詩韻韻目	廣韻韻目
上平韻目	平聲上
一　東	東一
二　冬	冬二、鍾三
三　江	江四
四　支	支、五脂六、之七
五　微	微八
六　魚	魚九
七　虞	虞十、模十一
八　齊	齊十二
九　佳	佳十三、皆十四
十　灰	灰十五、咍十六
十一　眞	眞十七、諄十八、臻十九
十二　文	文二十、欣二十一
十三　元	元二十、魂二十、痕二十四
十四　寒	寒二十五、桓二十六
十五　刪	刪二十七、山二十八

詩韻韻目	廣韻韻目
下平韻目	平聲下
一　先	先一、仙二
二　蕭	蕭三　宵　四
三　肴	肴五
四　豪	豪六
五　歌	歌七、戈　八
六　麻	麻九
七　陽	陽十、唐十一
八　庚	庚十二、耕十三、清十四
九　靑	靑十五
十　蒸	蒸十六、登十七
十一　尤	尤十八、侯十九、幽二十
十二　侵	侵二十一
十三　覃	覃二十二、談二十三
十四　鹽	鹽二十四添二十五嚴二十八
十五　咸	咸二十六、銜二十七、嚴二十八、凡二十九

貳、上聲

詩韻韻目	廣韻韻目
一 董	董一
二 腫	腫二
三 講	講三
四 紙	紙四、旨五、止六
五 尾	尾七
六 語	語八
七 麌	麌九、十
八 薺	薺十一
九 蟹	蟹十二、駭十三
十 賄	賄十四、海十五
十一 軫	軫十六、準十七
十二 吻	吻十八、隱十九
十三 阮	阮二十、混二十一、很二十二
十四 旱	旱二十三、緩二十四
十五 潸	潸二十五、產二十六
十六 銑	銑二十七、獮二十八
十七 篠	篠二十九、小三十

叄、去聲

詩韻韻目	廣韻韻目
一 送	送一
二 宋	宋二、用三
三 絳	絳四
四 寘	寘五、至六、志七
五 未	未八
六 御	御九
七 遇	遇十、暮十一
八 霽	霽十二、祭十三
九 泰	泰十四
十 卦	卦十五、怪十六、夬十七
十一 隊	隊十八、代十九、廢二十
十二 震	震二十一、稕二十二、
十三 問	問二十三、焮二十四
十四 願	願二十五慁二十六恨二十七
十五 翰	翰二十八、換二十九
十六 諫	諫三十、襉三十一、
十七 霰	霰三十二、線三十三、

十八	巧	巧三十一
十九	皓	皓三十二
二十	哿	哿三十三、果三十四
二十一	馬	馬三十五
二十二	養	養三十六、蕩三十七
二十三	梗	梗三十八、耿三十九靜四十
三十四	迥	迥四十一拯四十二等四十三
二十五	有	有四十四厚四十五黝四十六
二十六	寢	寢四十七
二十七	感	感四十八、敢四十九
二十八	儉	琰五十、忝五十一儼五十四
二十九	豏	豏五十二檻五十三范五十五

肆、入聲

詩韻韻目		廣韻韻目
一	屋	屋一
二	沃	沃二、燭三
三	覺	覺四
四	質	質五、術六、櫛七

十八	嘯	嘯三十四、笑三十五、
十九	效	效三十六
二十	號	號三十七
二十一	箇	箇三十八、過三十九
二十二	禡	禡四十
二十三	漾	漾四十一、宕四十二
二十四	敬	映四十三諍四十四勁四十五
二十五	徑	徑四十六證四十七嶝四十八
二十六	宥	宥四十九候五十、幼五十一
二十七	沁	沁五十二
二十八	勘	勘五十三、闞五十四
二十九	豔	豔五十五㮇五十六釅五十九
三十	陷	鑑五十八、梵六十、

詩韻韻目		廣韻韻目
十	藥	藥十八、鐸十九、
十一	陌	陌二十麥二十一、昔二十二
十二	錫	錫二十三
十三	職	職二十四、德二十五

五	物	物八、迄九
六	月	月十、沒十一
七	曷	曷十二、末十三
八	黠	黠十四、鎋十五
九	屑	屑十六、薛十七

十四	緝	緝二十六
十五	合	合二十七、盍二十八
十六	葉	葉二十九怗三十業三十三
十七	洽	洽三十一狎三十二乏三十四

第四章　選　韻

韻書既出，詩人為詩皆本韻書押韻，不得踰越，律詩之押韻，亦自以韻書為限，律詩用韻甚嚴，除首句偶用鄰韻者外，通首必須一韻到底。不得通韻或轉韻，更不可落韻（卽出韻）。故詩人為詩，必先審知各韻之寬窄與運用難易。選其寬而易押之韻以為韻脚，方不至窘困而中輟。玆依其韻字之多寡大致分為寬韻、窄韻、險韻三類以為作詩選韻之參考。

第一類寬韻：

1.上平一東韻。　2.上平二多韻。　3.上平四支韻。　4.上平六魚韻。　5.上平七虞韻。

6.上平十灰韻。　7.上平十一眞韻。　8.上平十二文韻。　9.上平十三元韻。　10上平十四寒韻。

11下平一先韻。　12下平二蕭韻。　13下平四豪韻。　14下平五歌韻。　15下平六麻韻。

16下平七陽韻。　17下平八庚韻。

二類窄韻：

1.上平五微韻。　2.上平八齊韻。　3.上平十二文韻。　4.上平十五刪韻。　5.下平九青韻。

6.下平十蒸韻。　下平十三覃韻。　8.下平十四鹽韻。

第三類險韻：

1.上平三江韻。 2.上平九佳韻。 3.下平三肴韻。 4.下平十五咸韻。

作詩時，自以選寬韻爲宜。然窄韻中微、文、刪等韻字數雖少，其中多常用字，音味雋永。故詩人恒喜用之。更有部分詩人故意選險韻、窄韻，出奇者亦見匠心，然初學者選韻宜審愼，萬不可落韻。

第五章　律詩首句押本韻

律詩首句入韻，於七律中屬正格，於五律中屬變格。即七律以首句不入韻者爲多，若五律則首句入韻者少於不入韻者是也。然律詩首句入韻又可分爲㈠與詩本韻同韻脚者，㈡與詩本韻不同韻脚者二類。前者爲正列，採者較多。後者爲變例，用者較少。本節但就首句入韻與詩本韻押同韻脚者，擧例以明之：

甲、五律

1.仄起式首句入韻例：

城闕輔三秦，（眞）風煙望五津。（眞）與君離別意，同是宦遊人。（眞）
海內存知己，天涯若比鄰。（眞）無爲在歧路，兒女共沾巾。（眞）
（王勃杜少府之任蜀州）

2.平起式首句入韻例：

前年戍月支。（支）城下沒全師。（支）蕃漢斷消息。死生長別離。（支）
無人收廢帳，歸馬識殘旗。（支）欲祭疑君在，天涯哭此時。（支）
（張籍沒蕃故人）

乙、七律

1.平起式首句入韻例：

蓬門未識綺羅香（陽），擬託良媒益自傷（陽）。誰愛風流高格調，共憐時世儉梳妝（陽）。敢將十指誇鍼巧，不把雙眉鬭畫長（陽）。苦恨年年壓金線，為他人作嫁衣裳（陽）。（秦韜玉 貧女）

2.仄起式首句入韻例：

相見時難別亦難（寒），東風無力百花殘（寒）。春蠶到死絲方盡，蠟炬成灰淚始乾（寒）。曉鏡但愁雲鬢改，夜吟應覺月光寒（寒）。蓬萊此去無多路，青鳥殷勤為探看（寒）。（李商隱 無題）

第六章 律詩首句借韻之研究

第一節 首句借韻說

律詩首句押韻自以同詩本韻為正例，然亦有借韻者。汪師韓詩學纂聞曰：「唐律第一句，多用通韻字，蓋此句原不在四韻之數，謂之孤雁入羣。然不可通者，亦不用也。」謝榛四溟詩話曰：「七言絕律，起句借韻，謂之孤雁出羣。宋人多有之。」沈德潛說詩晬語曰：可「律詩起句不用韻，故宋人以來，有入別韻者。然必於通韻中借入。」錢大昕十駕齋養新錄曰：「五七言近體詩，第一句借用鄰韻，謂之借韻。」以上諸人皆言律詩首句有用借韻者，然觀盛唐詩人集中首句借韻者，李頎、杜甫、劉長卿、李商隱、王維等數人而已。中晚唐首句借韻現象漸多，至宋代則幾成風氣，不勝枚舉矣。首句借韻必借用通韻之字，不可亂借也。所謂通韻者，蓋指古詩所得通押之韻字也。茲據古詩通轉之情況，分平聲韻目為十大類，於各類中借用之：

一、東多類。 二、支微齊佳灰類。 三、魚虞類。 四、眞文元寒删先類。
五、佳麻歌類。 六、蕭肴豪類。 七、靑庚蒸類。 八、侵覃鹽咸類。
九、江陽類。 十、尤類。

第二節 首句借韻之分析

一、東多通用類

1.東韻詩起句入多韻例：

知君官屬司大農（多），詔幸驪山職事雄（東）。歲發金錢供御府，晝看仙液注離宮（東）。千巖曙雪旌門上，十月寒花輦路中（東）。不覩聲名與文物，自傷留滯去關東（東）。

（李頎 送李回）

2.多韻詩起句入東韻例：

金殿香銷閉綺籠（東），玉壺傳點咽銅龍（多）。狂飆不惜蘿陰薄，淸露偏知桂葉濃（多）。斑竹嶺邊無限淚，景陽宮裏及時鐘（多）。豈知爲雨爲雲處，只有高唐十二峯（多）。

（李商隱 深宮）

二、支微齊佳灰通用類

1.支韻詩首句入微韻

延英面奉入春闈（微），亦選功夫亦選奇（支）。在冶只求金不耗，用心空學秤無私（支）。龍門變化人皆望，鶯谷飛鳴自有時（支）。獨喜至公誰是證，彌天上人與新詩（支）。

（王涯 廣宣上人以詩賀放牓和謝）

2.微韻詩首句入支韻

武牢關下護龍旗（支），挾槊彎弓馬上飛（微）。漢業未興王霸在，秦兵纔散魯連歸（微）。
墳穿大澤埋金劍，廟枕長流挂鐵衣（微）。欲奠忠魂何處問？葦花楓葉雨霏霏（微）。
（許渾　題衛將軍廟）

3.支韻詩句入齊韻

洞庭之東江水西（齊），簾旌不動夕陽遲（支）。登臨吳蜀橫分地，徙倚湖山欲暮時（支）。
萬里來遊還望遠，三年多難更憑危（支）。白頭弔古霜風裏，老木蒼波無限悲（支）。
（陳與義　登岳陽樓）

4.齊韻詩首句入支韻

古寺蕭條偶宿期（支），更深雪壓竹枝低（齊）。長天月影高窗過，疎樹寒鴉半夜啼（齊）。
池水竭來龍已去，老松枯處鶴猶棲（齊）。傷心可惜從前事，寥落朱廊墮粉泥（齊）。
（劉滄　題古寺）

5.佳韻詩首句入灰韻

凌晨更直九門開（灰），驅馬悠悠望禁街（佳）。霜後樓臺明曉日，天寒煙霧著宮槐（佳）
山林未去猶貪寵，罇酒何時共放懷（佳）？已覺蕭條悲晚歲，更憐衰病怯情齋（佳）。
（歐陽修　內直晨出便赴奉慈齋）

6.灰韻詩首句入支韻

陳留春色撩詩思（支），一日搜腸一百廻（灰）。燕子初歸風不定，桃花欲動雨頻來（灰）。
人間多待須微祿，夢裏相逢記此杯（灰）。白竹扉前容醉舞，烟村渺渺欠高臺（灰）。
（陳與義　對酒）

三、魚虞通用類

魚韻詩首句入虞韻

秋野日疏蕪（虞），寒江動碧虛（魚）。繫舟蠻井路，卜宅楚村墟（魚）。

棗熟從人打，葵荒欲自鋤（魚）。盤飧老夫食，分減及溪魚。（魚）

（杜甫　秋野）

四、眞文元寒删先通用類

1. 眞韻詩首句入文韻

吟霜與吟雲（文），此與亦甘貧（眞）。吹箭落翠羽，垂絲牽錦鱗（眞）。

滿湖風撼月，半日雨藏春（眞）。却笑縈簪組，勞心字遠人（眞）。

（方干　湖上言事）

2. 文韻詩首句入眞韻

錦幃初卷衛夫人（眞），繡被猶堆越鄂君（文）。垂手亂翻雕玉佩，招腰爭舞鬱金裙（文）。

石家蠟燭何曾翦，荀令香爐可待熏（文）。我是夢中傳彩筆，欲書花葉寄朝雲（文）。

（李商隱　牡丹）

3. 眞韻詩首句入元韻

朝騎小蹇出煙村（元），擁路爭看八十身（眞）。似我猶爲一好漢，問君曾見幾閒人（眞）。

楊梅線紫開園晚，蓴菜絲長入市新（眞）。莫笑堅頑推不倒，天教日日享常珍（眞）

（陸游　出近村歸偶作）

4. 元韻詩首句入眞韻

闇澹緋衫稱老身（眞），半披半曳出宮門（元）。袖中吳郡新詩本，襟上杭州舊酒痕（元）。

殘色過梅看向盡，故香因洗齅猶存（元）。曾經爛熳三年着，欲棄空箱似少恩（元）。

（白居易　故衫）

5. 文韻詩首句入元韻

霜秋自斷魂（元），楚調怨離分（文）。魄散瑤臺月，心隨巫峽雲（文）。
蛾眉誰共畫？鳳曲不同聞（文）。莫似湘妃淚，斑斑點翠裙（文）！

（王令　感秋別思）

6. 元韻詩首句入文韻

江南別日醉方醺（文），貪愛晴天帶水痕（元）。忘却碧山歸路直，誤投浮世俗塵昏（元）。
終期散髮江邊釣，當有漁舟日繫門（元）。但恨故人猶喜仕，他時胸腹未堪論（元）。

（王令　思京口戲周器之）

7. 寒韻詩首句入刪韻

成紀星郎字義山（刪），適歸黃壤抱長歎（寒）。詞林枝葉三春盡，學海波瀾一夜乾（寒）。
風雨已催燈燭滅，姓名長在齒牙寒（寒）。只應物外攀琪樹，便着霓裳上降壇（寒）。

（崔珏　哭李商隱）

8. 刪韻詩首句入寒韻

滄江萬景對朱欄（寒），白鳥羣飛去復還（刪）。雲捧樓臺出天上，風飄鐘磬落人間（刪）。
銀河倒瀉分雙月，錦水西來轉幾山（刪）。今古冥冥難借問，且持玉爵破愁顏（刪）。

（楊蟠　甘露上方）

9. 寒韻詩首句入先韻

禁署沈沈玉漏傳（先），月華雲表溢金盤（寒）。纖埃不隔光初滿，萬物無聲夜向闌（寒）。

蓮燭燒殘愁夢斷，蕙爐薰歇覺衣單（寒）。水精宮鎖黃金闕。故比人間分外寒（寒）。

（歐陽修　內直對月寄子華舍人持國廷評）

10 先韻詩首句入寒韻

老夫上下蓼花灘（寒）。每過君家輒繫船（先）。尊酒燈前山入座，孤鴻月底水連天（先）。

暄涼書問二千里，場屋聲名三十年（先）。競秀主人文似豹，不應霧隱萬峯邊（先）。

（楊萬里　寄題曾子與競秀亭）

11 刪韻詩首句入先韻

綠樹繞伊川（先），入行亂石間（刪）。寒雲依晚日，白鳥向青山（刪）。

路轉香林出，僧歸野渡閑（刪）。巖阿誰可訪，興盡復空還（刪）。

（歐陽修　伊川獨遊）

12 先韻詩首句入刪韻

北闕望南山（刪），明嵐雜紫煙（先）。歸雲向嵩嶺，殘雨過伊川（先）。

樹繞芳隄外，橋横落照前（先）。依依半荒苑，行處獨聞蟬（先）。

（歐陽修　雨後獨行洛北）

13 刪韻詩首句入元韻

秋色滿郊原（元），人行禾黍間（刪）。雉飛横斷澗，燒響入空山（刪）。

野水蒼烟起，平林夕鳥還（刪）。嵩風久不見，寒碧更孱顏（刪）。

（歐陽修　又行次作）

14 元韻詩首句入先韻

衆芳搖落獨暄妍（先），占盡風情向小園（元）。疎影横斜水清淺，暗香浮動月黃昏（元）。

霜禽欲下先偷眼，粉蝶如知合斷魂（元）。幸有微吟可相狎，不須檀板共金尊（元）。

（林逋 山園小梅）

五、佳麻歌通用韻

△麻韻詩首句入佳韻

一官不辦作生涯（佳），幾見秋風捲岸沙（麻）。宋玉有文悲落水，陶潛無酒對黃花（麻）。

天機袞袞山新瘦，世事悠悠日自斜（麻）。誤矣載書三十乘，東門何地不宜瓜（麻）。

（陳與義 次韻周教授秋懷）

六、蕭肴豪通用類

△豪韻詩首句入蕭韻

來逢春雨長魚苗（蕭），去見秋風擘蟹螯（豪）。久矣歸心到鄉國，依然水宿伴魚舠（豪）。

一天如許皆明月，二客所須惟濁醪（豪）。今夜四更潮有信，更須留眼看銀濤（豪）。

（蘇過 偕陳調翁龍山貴舟待夜潮發）

七、庚靑蒸通用類

1. 庚韻詩首句入靑韻

明到衡山與洞庭（靑），若爲秋月聽猿聲（庚）！愁看北渚三湘遠，惡說南風五兩輕（庚）。

靑草漲時過夏口，白頭浪裏出湓城（庚）。長沙不久留才子，賈誼何須弔屈平（庚）。

（王維 送楊少府貶郴州）

2. 靑韻詩首句入庚韻

簪裾皆是漢公卿（庚），盡作鋒鋩劍血腥（靑）。顯負舊恩歸亂主，難教新國用輕刑（靑）。

穴中狡兔終須盡，井上嬰兒豈自寧（靑）？底事亦疑懲未了，更疑書罪在泉扃（靑）！

（韓偓　八月六日作）

八、侵覃鹽咸通用類

△覃韻詩首句入鹽韻

燕子低飛入壞簷（鹽），柳條輕拂綠毿毿（覃）。故園更在北山北，佳節可憐三月三（覃）。萬古愁多憑濁酒，九京事往落清談（覃）。都門別恨終難寫，滿眼風光思不堪（覃）。

（王鎡　別張自疆）

九、江陽通用類

△江韻詩首句入陽韻

南徐城古樹蒼蒼（陽），裔府樓臺盡枕江（江）。甘露鐘聲清醉榻，海門山色滴吟牕（江）。直廬久負題紅葉，出鎮何妨擁碧幢（江）。聞說秋來自高尚，道裝筇竹鶴成雙（江）。

第六章　落韻詩

律詩押韻限定甚嚴，全首必須一韻到底，不得押古詩之通韻字或轉韻字，更不得於通轉韻外押他韻字，五七言之八句律詩如此，排律多至數十韻或百韻者亦復如此。若於本韻外，押及通韻字、轉韻字、別韻字皆爲落韻，卽一詩中不得押有兩韻或兩韻以上之字，若押兩韻或兩韻以上之詩皆謂之落韻詩也。

唐宋科場中，若詩有落韻者，無論其詩之情感如何深摯，意境如何深遠，景象如何眞麗，格調如何高超，對仗如何工整，均所不錄，此足見律詩限韻之嚴矣。

初唐始承古詩盛行之餘，詩人爲律詩往往或有落韻者。盛唐律詩落韻者，幾及絕迹。中晚唐，落韻律詩復行增多，如劉禹錫之貞元中侍郎舅氏，其詩云：

曾作關中客，頻經伏毒巖。（咸）晴煙沙苑樹，晚日渭川帆。（咸）
昔是青春貌，今悲白雪髯。（鹽）郡樓空一望，含意卷高簾。（鹽）。

又如李商隱之茂陵。其詩云：

漢家天馬出蒲梢，苜蓿榴花遍近郊（肴）。內苑只知含鳳嘴，屬車無復插雞翹（蕭）。
玉桃偷得憐方朔，金屋修成貯阿嬌（蕭）。誰料蘇卿老歸國，茂陵松柏雨蕭蕭（蕭）。

再如崔珏之水精枕，其詩云：

千年積雪萬年冰，掌上初擎力不勝（蒸）。南國舊知何處得，北方寒氣此中凝（蒸）。
黃昏轉燭螢飛沼，白日褰簾水在簷（侵）。蘄簟蜀琴相對好，裁詩乞與濯煩襟（侵）。

更如羅隱之燕昭王墓，其詩云：

戰國蒼茫難重尋，此中蹤跡想知音（侵）。強停別騎山花晚，欲弔遺墟野草深（侵）。
浮世近來輕駿骨，高臺何處有黃金（侵）。思量郭隗平生事，不殉昭王是負恩（元）。

宋代詩人中亦偶有落韻詩，如歐陽修之懷嵩樓新開南軒。其詩云：

繞郭雲煙匝幾重，昔年曾此感懷嵩（東）。霜林落後山爭出，野菊開時酒正濃（多）。
解帶西風吹畫角，倚闌斜日照青松（多）。會須乘醉攜嘉客，踏雪來看羣玉峯（多）。

又如蘇軾之傳堯俞濟源草堂。其詩云：

微官共有田園興，老罷方尋退隱廬（魚）。栽種成陰百年事，倉皇求買萬金無（虞）。

先生卜築臨清濟，喬木如今似畫圖（虞）。鄰里亦知偏愛竹，春來相與護龍雛（虞）。

更如陳與義之雨。其詩云：

霏霏三日雨，靄靄一園春（眞）。霧澤含元氣，風花過洞庭（靑）。

地偏寒浩蕩，春半客伶俜（靑）。多少人間事，天涯醉又醒（靑）。

第八章　和韻

律詩押韻有和韻者。所謂和韻，卽依用他人之韻也。和韻之作起於唐代白居易與元稹。張表臣珊瑚鉤詩話曰：「前人作詩，未始和韻。自唐白樂天與元微之爲浙江觀察，往來置郵筒唱和，始依韻。而多至千言，少或百數十言，篇章甚富，其自耀云：『曹公謂劉玄德曰——天下英雄唯使君與操耳。予於微之亦云。』」

和韻之法有三：一爲用韻。二爲依韻。三爲次韻。用韻者用來詩之韻也；依韻者，悉依來詩之韻押之，不必以次也；次韻者，依來詩之韻，並照其次序也。用韻僅限某韻故較易；依韻必依其押韻字，故較難；次韻又稱步韻，必步其原韻先後爲之，故最爲難也。自元白有次韻後，皮日休，陸龜蒙次韻等益多，至宋朝和詩皆爲次韻，蘇黃以後爲尤然。

第九章　律詩押韻條例

△凡律詩以對句押韻爲正例。

△凡律詩以押平韻爲正例。雖有押仄韻者，爲數極少，是爲變例。

△凡律詩押韻全首必押一韻，雖押險韻或窄韻亦不可轉韻或落韻。

△五言律詩以首句不入韻爲正格，以首句入韻爲偏格。
△七言律詩以首句入韻爲正格，以首句不入韻爲偏格。
△首句押韻有用通轉韻者。
△五律首句不入韻，全首共爲四韻。
五律首句入韻，全首共爲五韻。
七律首句入韻，全首共爲五韻。
七律首句不入韻，全首共爲四韻。
△韻書以採用平水韻，佩文韻府爲準。

第四篇　律詩之對仗研究

第一章　總論

對仗者，如儀仗之成雙相對也。對仗亦稱對偶，又稱排偶。實一事而三名也。六朝駢儷文興，文風所被，遂及詩體，詩人爲詩，亦喜用對，屬辭必兩，排比而成。陸機刻意屬對，謝靈運、謝朓諸人，益趨工整。劉勰創言四對，繼而上官儀言六對八對，元兢言六對，崔融言三對，皎然言八對。對仗法之理論，相接踵而興，風習所尚，屬對益趨精巧矣。律詩應運以生，故特重排偶。其後研鍊對仗，遂成律體之要件也。茲引唐宋五律七律詩各二三首，以明對仗之法式與種類。

第二章　對仗之詞性分類

古時文法未興，但分詞性爲實與虛二類而已。實詞者名詞、代名詞、形容詞、動詞是也。虛詞者副詞、連介詞、助詞是也。名詞對名詞、代名詞對代名詞、形容詞對形容詞、動詞對動詞、副詞對副詞、連介詞對連介詞、助詞對助詞，此乃律詩對仗詞性之太凡也。

第一節　實詞部

壹、名詞對

例詞：

舉凡姓名、地名、朝代名、書籍名、器具名以及天文、地理、時令、宮室、服飾、食品、形體、倫職、動物、植物、干支、方位等之名稱均屬之。

詩例摘句：

△雲霞出海曙，梅柳渡江春。（杜審言 和晉陵陸丞早春游望）

△滅燭憐光滿，披衣覺露滋。（張九齡 望月懷遠）

△山中一夜雨，樹杪百重泉。（王維 送梓州李使君）

△漠漠水田飛白鷺，陰陰夏木囀黃鸝。（王維 積雨輞川莊作）

△漢口夕陽斜度鳥，洞庭秋水遠連天。（劉長卿 自夏口至鸚鵡洲夕望岳陽寄源中丞）

△驚風亂颭芙蓉水，密雨斜侵薜荔牆。（柳宗元 登柳州城樓寄漳汀封連四州刺史）

貳、代名詞對

例詞：

我、吾、余、予、爾、汝、君、子、彼、其、之、孰、誰、何、者、人、自、己。

詩例摘句：

△余是乘槎客，君是失路人。（孟浩然 除夜樂城逢張少府）

△老去爭由我？愁來欲泥誰？（白居易 新秋）

△百戰今誰在？三年望汝歸。（杜甫 憶弟二首）

△永夜角聲悲自語，中天月色好誰看。（杜甫 宿府）

△顧我無衣搜藎篋，泥他沽酒拔金釵（元稹　遣悲懷）
△我已無家尋弟妹，君今何處訪庭闈。（杜甫　送韓十四）

叁、形容詞對

例詞：

新、舊、大、小、方、圓、斜、正、偏、側、曲、直、多、少、貧、窮、長、短、清、濁、疏、密、遠、近、難、易、滿、缺、昏、暗、重、輕、潔、淨、汚、寬、廣、闊、狹、窄、深、淺、冷、暖、寒、熱、空、實、美、麗、高、低、閒、悠、平、漠、冥、茫、微、濃、厚、薄、濕、涼、爽、細、殘、餘、淒、芳、香、辛、苦、黑、白、紅、紫、萬、千、百、十、三。

詩例摘句：

△水落魚梁淺，天寒夢澤深。（孟浩然　與諸子登峴山）
△漠漠帆來重，冥冥鳥去遲。（韋應物　賦得暮雨送李曹）
△近淚無乾土，低空有斷雲。（杜甫　別房太尉）
△漠漠水田飛白鷺，陰陰夏木囀黃鸝。（王維　積雨輞川莊作）
△關城曙色催寒近，御苑砧聲向晚多。（李頎　送魏萬之京）
△世事茫茫難自料，春愁黯黯獨成眠。（韋應物　寄李儋元錫）

肆、動詞對

例詞：

有、無、出、入、進、退、接、連、轉、迴、旋、返、還、歸、渡、濟、歌、唱、舞、蹈、遊、戲、
行、走、趨、赴、跳、躍、飛、跑、動、伏、臥、寢、睡、往、來、至、到、經、過、起、發、開、
關、閉、避、蔽、隱、藏、遮、掩、環、繞、結、貫、喜、悅、哭、笑、忍、罵、恨、憤、哀、弔、
愛、惡、厭、怨、悲、傷、憐、懷、念、思、想、依、戀、倚、賴、憶、觀、看、見、顧、望、覽、
窺、閱、讀、覓、尋、找、聽、聞、探、去、別、離、違、背、分、隔、合、蓋、覆、消、滅、除、
棄、散、聚、侵、奪、逼、迫、擊、襲、誇、鬭、焚、燒、敲、打、對、阻、止、遭、遇、爭、戰、
征、變、改、更、易、移、換、逝、生、失、落、浮、沈、升、降、登、臨、跋、涉、逢、邀、作、
做、報、答、寄、贈、教、學、呼、啼、嘯、號、鳴、照、射、映、耀、收、取、獲、得、知、曉、
識、解、覺、醒、感、觸、拾、敬、慕、慰、安、定、詢、送、迎、栽、種、埋、沒、貫、穿、通、
執、持、蒸、煮、煎、

詩例摘句：

△白雲依靜渚，芳草閉閒門。（劉長卿　尋南溪常道士）

△氣蒸雲夢澤，波撼岳陽城。（孟浩然　臨洞庭上張丞相）

△白髮催年老，青陽逼歲除。（孟浩然　歲暮歸南山）

△孤燈寒照雨，深竹暗浮煙。（司空曙　雲陽館與韓紳宿別）

△巫峽啼猿數行淚，衡陽歸雁幾封書。（高適　送李少府貶峽中王少府貶長沙）

△漠漠水田飛白鷺，陰陰夏木囀黃鸝。（王維　積雨輞川莊作）

△花徑不曾緣客掃，蓬門今始為君開。（杜甫　客至）

△顧我無衣搜藎篋，泥他沽酒拔金釵。（元稹　遣悲懷）

第二節　虛詞部

壹、副詞對

例詞：不、未、只、但、將、已、應、當、須、還、且、尙、仍、曾、嘗、方、始、正、又、復、再、豈、亦、何、可、初、空、堪、相、自、更、纔、宜、能、皆、俱、寧、況、惟、忽、漸、欲、擬、却、雖、休、別、

詩例摘句：

△秋蟲聲不去，暮雀意何如？（杜甫　除架）

△萬里春應盡，三江雁亦稀。（王維　送友人）

△茅屋還堪賦，桃源自可尋。（杜甫　春月江村）

△青山空有淚，白日豈知心。（劉長卿　赴新安）

△鴻雁不堪愁裏聽，雲山況是客中過。（李頎　送魏萬之京）

△漢文有道恩猶薄，湘水無情弔豈知。（劉長卿　長沙過賈誼宅）

△惟將遲暮供多病，未有涓埃答聖朝。（杜甫　野望）

△北極朝廷終不改，西山寇盜莫相侵。（杜甫　登樓）

貳、連介詞對

例詞：爲、因、與、和、共、同、並、於、而、則、于、還、且、

詩例摘句：

△嶺猿同旦暮，江柳共風煙。（劉長卿　新年作）

△羌婦語還哭，胡兒行且歌。（杜甫　日暮）

△江湖深更白，松竹遠還青。（杜甫　泊松滋江亭）

△相車問罷同牛喘，大廈成時與燕來。（宋祁　將到都獻樞密太尉相公）

△因思桂蠹傷肌骨，爲憶松鵝損性靈。（皮日休　病孔雀）

叁、助詞對

例詞：之、乎、者、也、矣、焉、哉、歟、耶、爾、然、耳、止、旃、

詩例摘句：

△去矣英雄事，荒哉割據心。（杜甫　峽口）

△處世心悠爾，干時思索然。（李羣玉　春寒）

△賈博竟行矣，邵公惟泫然。（張籍　奉和陝州十四翁）

△羣玉峯頭春老矣，百然潭上夢依然。（陸游　新夏感事）

△刺虎射麋俱已矣，擧杯開劍忽悽然。（陸游　四山）

△倦客再遊行老矣，高僧一笑故依然。（蘇軾　書普慈長老壁）

第三章　特工對

對仗固以名詞對名詞、代名詞對代名詞、形容詞對形容詞、動詞對動詞、副詞對副詞、連介詞對連介詞、助詞對助詞爲原則。然詩人尚不以此爲精細。故常喜更刻意謀求對仗之特工。蓋於名詞中復分若干部類，如詩賦類聯分爲三十四部、詩腋分爲三十二部、詞林典腋分爲三十門、詩學含英分爲三十九類等，若就此細類之範圍中選字，則愈使對仗工隱精確矣；又於形容詞中特分出顏色、數目二類，不與一般形容詞相雜，以增對仗之顯眼醒目。此者詩人研鍊對仗特工之法也。

第一節　名詞特工對

中國文字名詞特多，故於名詞之分類，亦特爲詳盡，綜觀詩賦類聯、詩腋、詞林典腋、詩學含英諸籍所載之部類，歸納比較之，竊自分名詞爲二十一大類：

㈠姓名類。㈡地名類。㈢朝名類。㈣時令類。㈤天文類。㈥地理類。㈦宮室類。㈧器物類。㈨樂具類。㈩武具類。⑪文具類。⑫文學類。⑬服飾類。⑭飲食類。⑮形體類。⑯倫職類。⑰動物類。⑱植物類。⑲干支類。⑳方位類㉑人事類。

此種分法，未必爲人人所贊同，蓋名詞分類各家莫衷一是。或增其類，或減其繁，皆無不可。然竊自以爲如此方好。故本篇依此分類並各擧其例詞及例句，以資參驗焉。

詩例摘句：

㈠姓名類

△對碁陪謝傅，把劍覓徐君。（杜甫　別房太尉墓）

△賈誼辭明主，蕭何識故侯。（劉長卿　送李使君）

△伯仲之間見伊呂，指揮若定失蕭曹。（杜甫　詠懷古跡）

△欲舞定隨曹植馬，有情應濕謝莊衣。（李商隱　對雪）

詩例摘句：

㈡地名類

△氣蒸雲夢澤，波撼岳陽城。（孟浩然　臨洞庭上張丞相）

△浮雲連海岱，平野入青徐。（杜甫　登兗州城樓）

△漢口夕陽斜度鳥，洞庭秋水遠連天。（劉長卿　自夏口至鸚鵡洲夕望岳陽寄源中丞）

△巫峽啼猿數行淚，衡陽歸雁幾封書。（高適　送李少府貶峽中王少府貶長沙）

詩例摘句：

㈢朝名類

△桃源迷漢姓，松樹有秦官。（王維　酬比部楊員外暮宿琴臺朝躋書閣率爾見贈之作）

△韋賢初相漢，范叔已歸秦。（杜甫　上韋左相二十韻）

△吳宮花草埋幽徑，晉代衣冠成古邱。（李白　登金陵鳳凰臺）

△秦城樓閣煙花裏，漢主山河錦繡中。（杜甫　清明）

㈣時令類

例詞：春、夏、秋、冬、世、代、紀、歲、年、閏、節、月、旬、日、天、時、更、刻、分、陰、陽、熱、凍、秒、朝、夕、旦、暮、晨、晚、昏、晝、午、夜、宵、曉、寒、暑、伏、臘、朔、望、晦、曙、小寒、大寒、立春、雨水、驚蟄、春分、清明、谷雨、立夏、小滿、芒種、夏至、小暑、大暑、立秋、處暑、秋分、寒露、霜降、立冬、小雪、大雪、冬至、元旦、除夕、上元、社日、端午、七夕、重九、中秋、寒食、臘日、歲除、律、曆、

詩例摘句：

△夕陽初隱地，暮靄已依山。（沈佺期　雜詩）

△海日生殘夜，江春入舊年。（王灣　次北固山下）

△估客晝眠知浪靜，舟人夜語覺潮生。（盧綸　晚次鄂縣）

△同日樓臺非甲帳，去時冠劍是丁年。（溫庭筠　蘇武廟）

㈤天文類

例詞：天、日、月、星、辰、斗、宿、風、雨、雲、霞、烟、霧、霜、雪、露、霰、雷、電、霆、閃、虹、霓、嵐、霽、陰、晴、陽、颱、曦、暉、光、火、

詩例摘句：

△露重飛難進，風多響易沈。（駱賓王　在獄咏蟬）

△風鳴兩岸葉，月照一孤舟。（孟浩然　宿桐廬江寄廣陵舊遊）

△武帝祠前雲欲散，仙人掌上雨初晴。（崔顥　行經華陰）

△白雲生處龍馳杳，明月歸時鶴馭空。（王介甫　登小茅山）

㈥地理類

例詞：

地、山、峯、嶽、巒、岱、峽、塢、巔、嶺、堆、丘、阜、陵、坡、溜、磵、洞、滸、汀、沼、淵、源、湍、岡、坡、嶺、丘、壑、崖、巖、峽、谷、水、川、渠、温、泉、瀑、潭、瀾、澤、源、流、溝、隰、坑、脈、江、河、湖、海、池、塘、井、溪、圳、澗、磯、波、濤、浪、潮、洪、泉、隍、埸、圃、瀑、津、渡、港、埠、島、嶼、洲、州、渚、浦、岸、堤、灘、畔、畦、灰、埃、甸、畿、城、莊、道、路、隧、窟、穴、徑、衢、隘、塞、關、郭、郊、原、野、沙、砂、漠、土、石、礫、埂、隴、田、畦、壟、垠、壤、泥、塵、水、墳、墓、疆、境、界、處、所、

詩例摘句：

△綠樹村邊合，青山郭外斜。（孟浩然　過故人莊）

△江城孤照日，山谷遠含風。（杜甫　登牛頭山亭子）

△估客晝眠知浪靜，舟人夜語覺潮生。（盧綸　晚次鄂縣）

△孤城背嶺寒吹角，獨戍臨江夜泊船。（劉長卿　自夜口至鸚鵡洲夕望岳陽寄源中丞）

例詞：㈦宮室類

宮、殿、樓、閣、閨、闈、亭、塔、闕、觀、臺、榭、階、砌、欄、檻、軒、室、房、屋、堂、庭、
舘、舍、齋、館、廬、戶、門、窗、牖、扉、楹、柱、棟、樑、簷、廊、墻、堵、壁、垣、籬、圍、
倉、庫、廩、第、宅、廈、廳、廚、寺、廟、宇、祠、店、舖、壇、菴、墅、磚、瓦、禁、署、邸、
院、坊、苑、囿、園、廡、堃、寢、國、省、縣、京、府、院、城、都、市、鎭、郡、巷、里、鄉、
村、關、營、廐、庖、竈、庵、塔、邑、鄰、閭、家、街、路、衖、

詩例摘句：

△舊館苔蘚合，幽齋松菊荒。（李羣玉　經費拾遺所呈封員外）
△積翠紗窗暗，飛泉繡戶涼。（王維　從岐王　王從夜讌衞家山池應教）
△金闕曉鐘開萬戶，玉階仙仗擁千官。（岑參　和賈至舍人早朝大明宮之作）
△晨搖玉珮趨金殿，夕奉天書拜瑣闈。（王維　酬郭給事）

㈧器物類

例詞：（包括交通器具、日用品、飲食器、珠寶器等）

舟、車、船、筏、帆、輿、輦、駕、飛機、航艇、艦、輪、轎、棹、檣、槳、鞍、牀、榻、枕、蓆、
鏡、簾、屏、帷、帳、幕、被、褥、氈、儿、橙、刷、梳、櫛、剪、廚、桌、案、箱、櫃、笈、盞、
瓶、壺、杯、樽、觴、爵、觥、籌、盃、盤、碟、碗、筷、匙、杓、叉、瓢、箪、盆、缸、罐、罎、
甕、籃、簍、筐、篋、囊、衾、袋、網、罩、蓋、箕、帚、竿、杖、針、線、規、矩、準、繩、鞭、

、斗、磅、稱、坪、桶、犂、鋤、耙、鋸、釘、鏈、鍬、鈀、槌、鎚、銼、鑽、刀、匕、箭、剪、砧、杵、傘、扇、燈、香、燭、鐘、鼎、釜、鍋、金、玉、銀、銅、璞、瓊、珠、璧、璽、圭、玦、鐵、珊瑚、瑪瑙、水晶、琥珀、錢幣、瑤、琪、琳、琅、球、璿、璋、琥、珍、瑰、鋼、貝、牙、熨斗、屏風、鏡臺、拂塵、印、符、鼎、棊、骰。

詩例摘句：

△勢分三足鼎，業復五銖錢。（劉禹錫　蜀先主廟）

△玉枕雙文簟，金盤五色瓜。（王維　送孫秀才）

△波上馬嘶看棹去，柳邊人歇待船歸。（温庭筠　利州南渡）

△盤飧市遠無兼味，樽酒家貧只舊醅。（杜甫　客至）

㈨樂具類

例詞：琴、瑟、箏、笙、竽、簫、笛、簧、籥、管、絃、鐘、鼓、磬、胡、笳、吹、號、角、鑼、鈀、琵琶、絲、鈴、篪、壎、鐸、缶、拍板。

詩例摘句：

△笛奏龍吟水，簫鳴鳳下空。（李白　宮中行樂詞）

△笛怨綠珠去，簫隨弄玉來。（李嶠　樓）

△遂有馮夷來擊鼓，始知嬴女善吹簫。（杜甫　玉臺觀）

△魚鑰未收清夜永，鳳簫猶在翠微間。（蘇軾　與述古自有美堂乘月夜歸）

△鐘隨野艇回孤棹，鼓絕山城掩半扉。（許渾　晚自東郭回留一二游侶）

△鐘磬相聞南北寺，笙歌不斷往來船。（于石　西湖）

㈩武具類

例詞：弓、箭、弧、殳、錐、鎚、錐、槌、砲、矢、盾、刀、鏃、槍、砲、矛、劍、戈、戟、干、斧、鈎、鉞、弩、旌、旗、甲、鎧、胄、盔、刄、袍、盔、幕、帳、號、角、笳、鼓、彈、丸、砲。

詩例摘句：

△前騶驅弩過，別境荷戈還。（韓魏公　過故關）

△邊月隨弓影，胡霜拂劍花。（李白　塞下曲）

△花迎劍珮星初落，柳拂旌旗露未乾。（岑參　和賈至舍人早朝大明宮之作）

△黃金箭落星三點，白玉弓開月一圍。（張宏範　射柳）

△軍前草奏旄頭下，城上封書箭簳中。（皮日休　寄滑州李副使員外）

(十一)文具類

例詞：筆、墨、硯、紙、牋、卷、翰、毫、鈐、籤、簽、幅、幛、管、尺、筒、軸、印、章、書、筆架、筆匣、筆筒、硯匣、帖。

詩例摘句：

△握管門庭側，含毫山水隈。（李嶠　筆）

△散墨松香起，濡毫藻句靑。（徐寅　尙書命題瓦硯）

△卷如驟雨收聲急，筆似飛泉落勢長。（王禹玉　呈永叔書事）

△彩毫倚閣功應就，鋃管依棲價未酬。（瞿佑　水晶筆架）

(十三)文學類

例詞：經、史、子、集、詩、賦、騷、詞、曲、書、籍、典、策、簡、册、札、函、緘、信、詔、令、符、錄、旨、敕、文、字、表、章、句、讀、篇、節、碑、帖、圖、畫、歌、詠、頌、謠、制、銘、檄、疏、序、檄、著、作、讖、論、誄。

詩例摘句：

△山居精典籍，文雅涉風騷。（杜甫　題柏大兄弟山居屋壁二首）

△遺畫空觀貌，殘詩孰補亡。（宋景文　過惠崇舊居）

△寫賦好追陳后龍，題詩堪逐竇滔家。（徐寅　尙書新造花箋）

△萬古分明看簡册，一生照耀付文章。（謝宗可　書燈）

△愁中卜命看周易，夢裏招魂誦楚詞。（劉長卿　感懷）

(十四)服飾類

例詞：衣、裳、襟、裙、袍、衫、袖、袂、裘、冠、冕、纓、幘、弁、服、帔、綬、巾、帽、袞、黼、黻、袷、衲、屨、履、屐、笠、帶、履、屐、鞋、襪、靴、珮、簪、髻、釵、環、布、帛、綿、絹、紗、繡、葛、紳、帕、緞、綢、錦、羅、絲、絨、袴、佩、鞋、襪、釵、鈿、釧、環、玦、珮。

詩例摘句：

△草潤衫襟重，沙乾屐齒輕。（白居易　野行）

△羣公蒼玉佩，天子翠雲裘。（杜甫　更題）

△絲繡珥貂留帝詔，紫衣鋪案拜宸香。（王禹玉　呈永叔書事）

(十四)飲食類

例詞：

油、脂、膏、鹽、酌、醋、茶、茗、煙、酒、羹、湯、肴、饌、糕、餅、蜜、醅、釀、飯、菜、蔬、膾、脯、炙、虀、餌、酢、漿、餐、味、香、筵、粥、肉、鮓。

詩例摘句：

△滑憶彫胡飯，香聞錦帶羹。（杜甫　江閣臥病）

△清味通宵在，餘香隔坐聞。（李虛己　建茶呈使君學士）。

△身健却緣餐飯少，詩清都爲飲茶多。（徐璣　贈徐照）

△盤飧市遠無兼味，樽酒家貧只舊醅。（杜甫　客至）

(十五)形體類：

例詞：

身、體、軀、首、頭、顱、面、臉、耳、目、眼、睛、眶、眥、瞳、眉、口、嘴、鼻、準、額、頰、毛、髮、鬚、髯、齒、牙、舌、脣、頷、頸、項、膊、肩、手、臂、腕、肘、掌、指、胸、腰、腹、臍、足、膝、脛、腓、肢、肱、脚、蹄、腿、爪、心、脾、臟、腑、肺、腎、胃、肝、膽、角、趾、羽、翼、翅、形、影、象、貌、精、神、魂、魄、容、顏、聲、色、血、淚、筋、骨、肌、膚、咽、喉、腸、肚、乳、鬢。

詩例摘句：

△腸斷未忍掃，眼穿仍欲歸。（李商隱　落花）

△不堪玄鬢影，來對白頭吟。（駱賓王　在獄詠蟬）

△敢將十指誇鍼巧，不把雙眉鬥畫長。（秦韜玉　貧女）

△身無彩鳳雙飛翼，心有靈犀一點通。（李商隱　無題）

(六)倫職類

例詞：

祖、孫、父、母、子、女、兒、姪、兄、弟、姐、妹、夫、婦、妻、妾、舅、甥、翁、媳、姑、姨、伯、叔、嫂、親、戚、宗、族、氏、奴、婢、僕、役、師、徒、生、朋、友、伴、侶、眷、屬、姻、婚、君、臣、昆、仲、宰、相、將、士、兵、卒、官、吏、胥、帝、使、長、令、賓、客、婦、妓、漁、農、樵、工、商、賈、販、軍、敎、醫、匠、牧、僧、尼、叟、仙、釋、道、佛、陶、巫、帥。

詩例摘句：

△諸姑今海畔，兩弟亦山東。（杜甫　送舍弟頻）

△喪亂秦公子，悲涼楚大夫。（杜甫　地隅）

△禁裏疏鐘官舍晚，省中啼鳥吏人稀。（王維　酬郭給事）

△漁人網集澄潭下，賈客船隨返照來。（杜甫　野老）

例詞：

(七)動物類

禽——鳥、禽、鳳、凰、鸞、鶴、鵬、鷹、鵠、鴿、雀、鶯、雁、燕、鷗、鵝、鷄、鴨、鴉、鵲、烏、雉、鳩、隼、鴻、杜鵑、子規、鷓鴣、鸚鵡、孔雀、鷺鷥、翡翠、鴛鴦。

獸——獸、獅、虎、豹、熊、犀、象、驢、馬、牛、羊、狗、犬、猪、貓、鼠、鹿、兔、猿、猴、狼、駒、驪、麋、駱駝、騏麟。

鱗——龍、蛟、龜、鼈、蟹、蝦、螺、蚌、蛤、蛙、魚、蛇、蟒、鯉、鰻、鰍、鱔、鯊、鯽。

蟲——蟲、蝶、蠶、蟬、蜂、螢、蠅、蚊、蟻、蛾、蚓、蝨、蟋蟀、蜻蜓、螳螂、蜘蛛、蝙蝠、蚤、蛤蜊、蚌（蚶）、蛙、蜈蚣、蝸牛、蝗。

詩例摘句：

△殘螢棲玉露，早雁拂金河。（許渾　早秋）

△歎鳳嗟身否，傷麟怨道窮。（唐玄宗　經魯祭孔子而嘆之）

△莊生曉夢迷蝴蝶，望帝春心託杜鵑。（李商隱　錦瑟）

△巫峽啼猿數行淚，衡陽歸雁幾封書。（高適　送李少府貶峽中王少府貶長沙）

例詞：

(八)植物類

穀菜——穀、米、禾、稻、粟、麥、菜、粱、穗、秧、苗、菽、豆、蔬、菜類、瓜類、葱、麻、韮、蒜、芥、薑、茄、藷、薯、苗、種、稼。

花草——草、花、蘭、蕙、芷、椿、萱、芝、萍、蘿、藤、菊、荷、蓮、藕、桃、李、杏、梨、桂、牡丹、薔薇、茉莉、芙蓉、鷄冠、海棠、百合、苔、蘚、蘆荻、薜荔、玉蘭、山茶、石榴、紫薇、水仙、石竹、茅。

木果——木、竹、樹、林、叢、果、松、柏、梧、桐、杉、槐、相思子、檜、楡、檜、楊、柳、柑、橘、梨、杏、橙、柚、桑、楓、柿、棗、蕉、筍、篁、榕、枇杷、荔枝、龍眼、甘蔗、葡萄、檳榔、椰子、木瓜、相思、紅豆、根、莖、葉、梗、蕊、蕚、蒂、楊梅、櫻桃、石榴、橄欖、蘋、橙、芭蕉、夾竹桃、玫瑰、木槿、朱槿。

詩例摘句：

△竹喧歸浣女，蓮動下漁舟。（王維　山居秋暝）

△人烟寒橘柚，秋色老梧桐。（李白　登宣城謝朓北樓）

△驚風亂颭芙蓉水，密雨斜侵薜荔牆。（柳宗元　登柳州城樓寄漳汀封連四州刺史）

△風波不信菱枝弱，月露誰教桂葉香。（李商隱　無題）

㈨干支類

例詞：

甲、乙、丙、丁、戊、己、庚、辛、壬、癸、子、丑、寅、卯、辰、巳、午、未、申、酉、戌、亥。

詩例摘句：

△莫問辛壬娶，從來甲子多。（梅聖俞　塗山）

△不須愁犯卯，且乞醉過申。（馬異　暮春醉中寄李干秀才）

△寅年籬下多逢虎，亥日沙頭始賣魚。（白居易　得微之別官後詩）

△同日樓臺非甲帳，去時冠劍是丁年。（温庭筠　蘇武廟）

△年長每勞推甲子，夜寒初共守庚申。（許渾　贈王山人）

㈩人事類

例詞：

意、情、志、思、道、德、理、事、心、性、功、名、聖、賢、感、懷、恩、怨、愁、憂、愛、憎、羞、妒、事、計、策、恨、才、能、福、壽、富、貴、喜、慶、榮。

詩例摘句：

△少婦今春意，良人昨夜情。（沈佺期　雜詩）

△山光悅鳥性，潭影空人心。（常建　題破山寺後禪院）

△浮雲遊子意，落日故人情。（李白　送友人）

△漢文有道恩猶薄，湘水無情弔豈知。（劉長卿　長沙過賈誼宅）

△世事茫茫難自料，春愁黯黯獨成眠。（韋應物　寄李儋元錫）

△三顧頻煩天下計，兩朝開濟老臣心。（杜甫　蜀相）

第二節　形容詞特工對

㈠數目類

例詞：

兆、億、萬、千、百、十、個、一、二、三、四、五、六、七、八、九、雙、兩、孤、獨、羣、衆、諸、幾、數、屢、半。

詩例摘句：

△潮平兩岸濶，風正一帆懸。（王灣　次北固山下）

△烽火連三月，家書抵萬金。（杜甫　春望）

△生寄一壺酒，死留千卷書。（崔塗　題倪居士舊居）

△數叢沙草羣鷗散，萬頃江田一鷺飛。（温庭筠　利州南渡）。

△巫峽啼猿數行淚，衡陽歸雁幾封書。（高適　送李少府貶峽中王少府貶長沙）

△萬里悲秋常作客，百年多病獨登臺。（杜甫　登高）

㈡顏色類

例詞：

黑、白、紅、綠、藍、黃、靑、紫、赤、朱、丹、赭、靛、碧、金、銀、玉、粉、玄、蒼、翠、彩、皓、素、明、暗、黛、纁、黎、黔、盧、阜、絳、緋、紺、彤、斑、緇、縞、縹、緗、黝。

詩例摘句：

△白雲迴望合，靑靄入看無。（王維　終南山）

△綠林行客少，赤壁住人稀。（劉長卿　送和州）
△雨水夾明鏡，雙橋落彩虹。（李白　秋登宣城謝朓北樓）
△天開雲霧東南碧，日射波濤上下紅。（楊誠齋　過楊子江）
△青青竹笋迎船出，白白江魚入饌來。（杜甫　送王十五）
△向浦迴舟萍已綠，分林蔽殿槿初紅。（沈佺期　興慶池侍宴應制）

㈢方位類

例詞：東、西、南、北、東北、西北、東南、西南、東西、南北、中、前、後、右、左、內、外、旁、側、邊、際。

詩例摘句：
△青山橫北郭，白水繞東城。（李白　送友人）
△南溟天外合，北戶日邊開。（宋之問　登越臺）
△去歲荆南梅似雪，今年薊北雪如梅。（張說　幽州新歲作）。
△宮中下見南山盡，城上平臨北斗懸。（蘇頲　奉和春日幸望春宮應制）

第四章　對仗之字音義分類

第一節　雙聲對雙聲

南史謝莊傳載——王元謨問莊：「何者爲雙聲？」答曰：「互、護爲雙聲。」學林新編曰：「雙聲者，同音而不同韻者也。互護同唇音，而二字不同韻，故謂之雙聲。若彷彿、熠耀、騏驎、慷慨皆雙聲也。」廣韻曰：「章灼、良略是雙聲。」又曰：「聽剔、靈歷是雙聲。」蓋音所從發謂之聲，凡發音相同之字，謂之雙聲。類聚雙聲之文，取一字以爲標目謂之紐。是以同紐之字皆爲雙聲也，聲又有脣、舌、齒、牙、喉、舌頭、舌上、半舌、半齒之別故同爲脣音，同爲舌音，同爲齒音，同爲牙音……皆爲雙聲。畧如現行國語中聲母相同之字是也。

詩例摘句：

△參差連曲陌，迢遞送斜暉。（李商隱　落花）

△生涯已寥落，國步尚迍邅。（杜甫　秋日夔府詠懷奉寄鄭監審李賓客之芳一百韻）

△萬籟參差寫明月，一家寥落共淸風。（黃庭堅　題息軒）

△田園寥落干戈後，骨肉流離道路中。（白居易　自河南經亂，關內阻饑，兄弟離散，各在一處，因望月有感，聊書所懷。）

第二節　叠韻對叠韻

南史謝莊傳載——王元謨問莊：「何者爲疊韻？」答曰：「磝碻爲疊韻。」學林新編曰：「疊韻者，同音而又同韻者也，磝碻同為牙音，而二字又同韻，故謂之疊韻。若侏儒、童蒙、崆峒、螳螂皆疊韻也。」廣韻曰：「灼畧、章良是疊韻。」又曰：「剔歷、聽靈是疊韻。」蓋音歸本於喉謂之韻。凡收音相同之字，謂之疊韻。類聚疊韻之字，取一字以為標目謂之韻目。是以同韻目中之字皆為疊韻也。故韻書內同一韻中之字，皆屬疊韻字。畧如現行國語中韻母相同之字是也。

詩例摘句：

△形容眞潦倒，答效莫支持。（杜甫　夔府書懷四十韻）

△仳離效紅蕊，想像嚬青娥。（杜甫　寒食月詩）

△悵望千秋一灑淚，蕭條異代不同時。（杜甫　詠懷古跡）

△山横玉海蒼茫外，人在冰壺縹緲中。（陸游　月下自三橋汎湖歸三山）

第三節　雙聲對疊韻

△蒼茫步兵哭，展轉仲宣哀。（杜甫　秋荆南述日懷三十韻）

案：蒼茫為疊韻，展轉為雙聲。

△鶴下雲汀近，鷄棲草屋同。（杜甫　向夕）

案：鶴下為雙聲，鷄棲為疊韻。

△細草流連侵坐軟，殘花悵望近人開。（杜甫　送辛員外）

案：流連爲雙聲，悵望爲疊韻。

△支離東北風塵際，漂泊西南天地間。（杜甫　詠懷古跡）

案：支離爲疊韻，漂泊爲雙聲。

△羣公紙戮力，聖慮窅徘徊。（杜甫　秋日荆南述懷三十韻）

案：戮力爲雙聲，徘徊爲疊韻。

△年侵頻悵望，興遠一蕭疏。（杜甫　瀼西寒望）

案：悵望爲疊韻，蕭疏爲雙聲。

△蒼茫城七十，流落劍三千。（杜甫　寄岳州賈司馬六丈巴州嚴八使君兩閣老五十韻）

案：蒼茫爲疊韻，流落爲雙聲。

第四節　連綿字對

連綿字者，合二字或二字以上，以成一意者也。名詞中常有之，如葡萄、飛機、駱駝、蚯蚓等皆是。

詩例摘句：

△鸂鶒窺淺井，蚯蚓上深堂。（杜甫　秦州雜詩）

△賞應歌杕杜，歸及薦櫻桃。（杜甫　收京）

△敏捷詩千首，飄零酒一杯。（杜甫　不見）

△江上小堂巢翡翠，苑邊高冢臥麒麟。（杜甫　曲江）

△香稻啄餘鸚鵡粒，碧梧棲老鳳凰枝。（杜甫　秋興）

第五節　疊字對

詩例摘句：

△寂寂竟何待，朝朝空自歸。（孟浩然　留別王維）

△燕子家家入，楊花處處飛。（孟浩然　賦得盈盈樓上女）

△欲歸江淼淼，未到草淒淒。（王維　送張五諲歸宣城）

△無邊落木蕭蕭下，不盡長江滾滾來。（杜甫　登高）

△鳳駕北歸山寂寂，龍旗西幸水滔滔。（許渾　驪山）

△世事茫茫難自料，春愁黯黯獨成眠。（韋應物　寄李儋元錫）

第六節　同義字對

詩例摘句：

△詩書遂牆壁，奴僕且旌旄。（杜甫　避地）

△桑麻深雨露，燕雀半生成。（杜甫　屏居三首）

△歡笑情如舊，蕭疏鬢已斑。（韋應物　淮上喜會梁州故人）

△早爲學問文章誤，晚作東西南北人。（黃庭堅　同韻和元明兄知命弟九日相憶二首）

△草木變衰行劍外，兵戈阻絕老江邊。（杜甫　恨別）

△身多疾病思田里，邑有流亡愧俸錢。（韋應物　寄李儋元錫）

第七節　反義字對

詩例摘句：

△江流天地外，山色有無中。（王維　漢江臨眺）

△蕃漢斷消息，死生長別離。（張籍　沒蕃故人）

△色因林向背，行逐地高卑。（李頎　籬笋）

△錦江春色來天地，玉壘浮雲變古今。（杜甫　登樓）

△無數蜻蜓齊上下，一雙鸂鶒對浮沈。（杜甫　卜居）

△關河可使成南北，豪傑誰堪共死生。（陸游　獵罷夜飲示獨孤生）

△二儀清濁還高下，三伏炎蒸定有無。（杜甫　又作此奉衞王）

△蟬聲斷續悲殘夜，螢燄高低照暮空。（杜甫　新秋）

△長淮忽迷天遠近，青山久與船低昂。（蘇軾　出潁口初見淮山是日至壽州）

第八節　同義對反義

詩例摘句：

△所向皆空闊，眞堪托死生。（杜甫　房兵曹胡馬）

案：空闊爲同義字。死生爲反義字。

△重露成涓滴，稀星乍有無。（杜甫　倦夜）

案：涓滴爲同義字，有無爲反義字。

△社稷依明主，安危托婦人。（戎昱　和蕃）

案：社稷爲同義字，安危爲反義字。

△嘹唳塞鴻經楚澤，淺深紅樹見揚州。（李紳　宿揚州）

案：嘹唳爲同義字。淺深爲反義字。

△傳情每向馨香得，不語還應彼此知。（薛能　牡丹）

案：馨香爲同義字，彼此爲反義字。

第五章　對仗之聯位分類

第一節　頸聯對

壹、五律例

△海上生明月，天涯共此時。情人怨遙夜，竟夕起相思。滅燭憐光滿，披衣覺露滋。

不堪盈手贈，還寢夢佳期。（張九齡　望月懷遠）

△抱琴爲傲吏，孤棹復南征。幾處秋江水，皆添白雪聲。佳期來客夢，幽思緩王程。佐牧無勞問，心和政自平。（錢起　送彈琴李長史赴洪州）

貳、七律例

△昔人已乘黃鶴去，此地空餘黃鶴樓。黃鶴一去不復返，白雲千載空悠悠。晴川歷歷漢陽樹，芳草萋萋鸚鵡洲。日暮鄉關何處是，煙波江上使人愁。（崔顥　登黃鶴樓）

△鸚鵡來過吳江水，江上洲傳鸚鵡名。鸚鵡西飛隴山去，芳洲之樹何青青？煙開蘭葉香風暖，岸夾桃花錦浪生。遷客此時徒極目，長洲孤月向誰明？（李白　鸚鵡洲）

第二節　起頸二聯對

△青山橫北郭，白水繞東城。此地一爲別，孤蓬萬里征。浮雲遊子意，落日故人情。揮手自茲去，蕭蕭班馬鳴。（李白　送友人）

△無家對寒食，有淚如金波。斫却月中桂，清光應更多。仳離效紅蕊，想像嚬青娥。牛女漫愁思，秋期猶渡河。（杜甫　寒食月詩）

第三節　頷頸中二聯對

壹、五律例

△獨有宦遊人，偏驚物候新。雲霞出海曙，梅柳渡江春。淑氣催黃鳥，晴光轉綠蘋。忽聞歌古調，歸思欲沾巾。（杜審言　和晉陵陸丞相早春游望）

△空山新雨後，天氣晚來秋。明月松間照，清泉石上流。竹喧歸浣女，蓮動下漁舟。隨意春芳歇，王孫自可留。（王維　山居秋暝）

貳、七律例

△岧嶢太華俯咸京，天外三峯削不成。武帝祠前雲欲散，仙人掌上雨初晴。河山北枕秦關險，驛路西連漢畤平。借問路旁名利客，何如此處學長生。（崔顥　行經華陰）

△嗟君此別意何如？駐馬銜杯問謫居。巫峽啼猿數行淚，衡陽歸雁幾封書。青楓江上秋帆遠，白帝城邊古木疏。聖代卽今多雨露，暫時分手莫躊躇。（高適　送李少府貶峽中王少府貶長沙）

第四節　起領頸前三聯對

壹、五律例

△昔聞洞庭水，今上岳陽樓。吳楚東南坼，乾坤日夜浮。親朋無一字，老病有孤舟。

戎馬關山北，憑軒涕泗流。（杜甫 登岳陽樓）

△東郡趨庭日，南樓縱日初。浮雲連海岱，平野入青徐。孤嶂秦碑在，荒城魯殿餘。從來多古意，臨眺獨躊躇。（杜甫 登兗洲城樓）

△春水六七里，夕陽三四家。兒童牧鵝鴨，婦女治桑麻。地僻衣巾古，年豐笑語譁。老夫維小艇，半醉摘藤花。（陸游 泛湖至東涇）

貳、七律例

△鷄鳴紫陌曙光寒，鶯囀皇州春色闌。金闕曉鐘開萬戶，玉階仙仗擁千官。花迎劍珮星初落，柳拂旌旗露未乾。獨有鳳凰池上客，陽春一曲和皆難。（岑參 和賈至舍人早朝大明宮之作）

△西山白雪三成戍，南浦清江萬里橋。海內風塵諸弟隔，天涯涕淚一身遙。惟將遲暮供多病，未有涓埃答聖朝。跨馬出郊時極目，不堪人事日蕭條。（杜甫 野望）

第五節 後三聯對

壹、五律例

△北雪犯長沙，胡雲冷萬家。隨風且間葉，帶雨不成花，金錯囊垂罄，銀壺酒易賒。無人竭浮蟻，有待至昏鴉。（杜甫 對雪）

貳、七律例

△劍外忽傳收薊北，初聞涕淚滿衣裳。卻看妻子愁何在，漫卷詩書喜欲狂。
白首放歌須縱酒，靑春作伴好還鄉。卽從巴峽穿巫峽，便下襄陽向洛陽。
（杜甫　聞官軍收河南河北）

第六節　起領頸尾四聯全對

壹、五律例

△暝色延山徑，高齋次水門，薄雲巖際宿，孤月浪中翻。鸛鶴追飛靜，豺狼得食喧。
不眠憂戰伐，無力正乾坤。（杜甫　宿江邊閣）

△且喜河北定，不問鄴城圍。百戰今誰在？三年望汝歸。故園花自發，春日鳥還飛。
斷絕人烟久，東西消息稀。（杜甫　憶弟）

貳、七律例

△風急天高猿嘯哀，渚清沙白鳥飛迴。無邊落木蕭蕭下，不盡長江滾滾來。
萬里悲秋常作客，百年多病獨登臺。艱難苦恨繁霜鬢，潦倒新停濁酒杯。（杜甫　登高）

△玉樓銀牓枕嚴城，翠蓋紅旂列禁營。日映層巖圖畫色，風搖雜樹管絃聲。
水邊重閣含飛動，雲裡孤峯類削成。幸覩八龍遊閬苑，無勞萬里訪蓬瀛。

（宗楚客　奉和幸安樂公主山莊應制）

第六章　對仗之題材分類

律詩之出句與對句之題材，可於下列各方式中設想之：情景相對、人景相對、人物相對、時空相對、古往今來相對、天地高低相對，遠近相對，人我相對、動植物相對、聞見相對、正反相對、同類相對（如人人相對、景景相對）。為律詩對仗，若能於此數類中設想，則出句既有，對句不難矣。茲舉數例以明之。

壹、情景相對

△鄉淚客中盡，孤帆天際看（孟浩然　早寒有懷）

△黃雲斷春色，畫角起邊愁。（王維　送平澹然判官）

△鳥去鳥來山色裡，人歌人哭水聲中。（杜牧　題宣州開元寺水閣閣下宛溪夾溪居人）

△人世幾回傷往事，山形依舊枕寒流。（劉禹錫　西塞山懷古）

貳、人景相對

△雨中黃葉樹，燈下白頭人。（司空曙　喜外弟盧綸見宿）

△千樹又黃葉，幾人新白頭。（于鄴　秋夕聞雁）

△客子光陰詩卷裡，杏花消息雨聲中。（陳與義　懷天經智老因訪之）

△千年事往人何在？半夜月明潮自來。（劉滄　長洲懷古）

參、人物相對

△猿啼洞庭樹，人在木蘭舟。（馬戴　楚江懷古）

△久戍人將老，長征馬不肥。（郭震　塞上）

△南朝古寺幾僧在，西嶺空林惟鳥歸。（劉滄　與僧話舊）

△去雁遠衝雲夢雪，離人獨上洞庭船。（李頻　湘中送友人）

肆、時空相對

△鳥道一千里，猿聲十二時。（王維　送楊長史赴果州）

△長爲萬里客，有愧百年身。（杜甫　中夜）

△怨別自驚千里外，論交却憶十年時。（高適　送前衞李寀少府）

△一身去國六千里，萬死投荒十二年。（柳宗元　別舍弟宗一）

伍、古往今來相對

△昔記山川是，今傷人代非。（張說　還至端州驛前與高六別處）

△少婦今春意，良人昨夜情。（沈佺期　雜詩）

△人事幾回傷往事，山形依舊枕寒流。（劉禹錫　西塞山懷古）

△從來凍合關山道，今日分流漢使前。（李益　鹽州過胡兒飲馬泉）

陸、天地高低相對

△近淚無乾土，低空有斷雲。（杜甫　別房太尉墓）

△江間波浪兼天湧，塞上風雲接地陰。（杜甫　秋興）

△地理南溟濶，天文北極高。（李商隱　獻寄舊府開封公）

△雲間東嶺千重出，樹裡南湖一片明。（張說　灉湖山寺）

柒、遠近相對

△郡邑浮前浦，波瀾動遠空。（王維　漢江臨眺）

△綠樹村邊合，青山郭外斜。（孟浩然　過故人莊）

△山色遙連秦樹晚，砧聲近報漢宮秋。（韓翃　同題仙游觀）

△雲橫秦嶺家何在，雪擁藍關馬不前。（韓愈　左遷至藍關示姪孫湘）

捌、人我相對

△我尋高士傳，君與古人齊。（李白　口號贈盧徵君鴻）

△以我獨沉久，愧君相見頻。（司空曙　喜外弟盧綸見宿）

△我已無家尋弟妹，君今何處訪庭闈。（杜甫　送韓十四江東省覲）

△顧我無衣搜藎篋，泥他沽酒拔金釵。（元稹　遣悲懷）

玖、動植物相對

△興闌啼鳥緩，坐久落花多。（王維　從岐王過楊氏別業應教）

△岸花開且落，江鳥沒還浮。（韋承慶　凌朝浮江旅思）

△桃花細逐楊花落，黃鳥時兼白鳥飛。（杜甫　曲江對酒）

△白花過雨落松暝，黃鳥隔溪鳴麥秋。（虞集　申戌四月十七日至臨川沖雲寺祝聖壽齋罷爲賦此詩）

拾、聞見相對

△月明見潮上，江靜覺鷗飛。（張籍　宿臨江驛）

△風鳴兩岸葉，月照一孤舟。（孟浩然　宿桐廬江寄廣陵舊遊）

△林下水聲喧語笑，巖間樹色隱房櫳。（王維　敕借岐王九成宮避暑應教）

△月明江路聞猿斷，花暗山城見吏稀。（劉長卿　送柳使君赴袁州）

拾壹、正反相對

△露重飛難進，風多響易沈。（駱賓王　在獄詠蟬）

△漠漠帆來重，冥冥鳥去遲。（韋應物　賦得暮雨送李曹）

△梅花落處疑殘雪，楊柳開時任好風。（杜審言　大酺）
△漢文有道恩猶薄，湘水無情弔豈知。（劉長卿　過賈誼宅）

拾貳、天文地理與動物植物相對

△海岸三山雨，花明五嶺春。（岑參　送張子尉南海）
△林藏初霽雨，風退欲歸潮。（祖詠　泊揚子岸）
△晴川歷歷漢陽樹，芳草萋萋鸚鵡洲。（崔顥　黃鶴樓）
△無邊落木蕭蕭下，不盡長江滾滾來。（杜甫　九日登高）

拾叁、同類對（景對景、物對物、人對人）

△戶外一峯秀，階前衆壑深。「景對景」（孟浩然題義公禪房）
△澗花然暮雨，潭樹暖春雲。「景對景」（岑參　高冠谷口招鄭鄠）
△江上小堂巢翡翠，苑邊高塚臥麒麟。「物對物」（杜甫　曲江）
△伯仲之間見伊呂，指揮若定失蕭曹。「人對人」（杜甫　詠懷古跡五首）

第七章　律詩對仗條例

△律詩以中二聯（頷聯、頸聯）對仗爲正例，其詩最多。前三聯對者次之，後三聯對者又次之、四聯全對者更次之，然皆屬正例，若徹首尾不對者，如李白之夜泊牛渚、孟浩然之舟中曉望等是爲偏例，作者極少。至若只頸聯對者，其詩仍少，亦爲偏例。

△夜泊牛渚　李　白

牛渚西江夜，清天無片雲。登舟望秋月，空憶謝將軍。余亦能高詠，斯人不可聞。

明朝掛帆去，楓葉落紛紛。

△舟中曉望　　孟浩然

挂席東南望，清山水國遙。舳艫爭利涉，來往接風潮。問我今何適？天臺訪石橋。坐看霞色曉，疑現赤城標。

△律詩對仗以同聯中出句與對句相對爲正例。若扇面對（下聯出句對上聯出句、下聯對句對上聯對句）及當句對（本句自對）爲偏例，古雖偶有其詩，然不足爲訓也。

△律詩對仗以對句與出句之部位相同爲正例。亦卽第一字對第一字、第二字對第二字、第三字對第三字、第四字對第四字、第五字對第五字、第六字對第六字、第七字對第七字也。若部位不相同之錯綜對，是爲偏例，不足爲法。

△律詩對仗以特工對爲優，然以只求詞性相對（名詞、代名詞、形容詞、動詞、副詞、連介詞、助詞各各相對）爲常。

△對仗以單詞對單詞、複詞對複詞爲正。

△律詩出句與對句之對仗，以避免同字重複使用爲宜。

△律詩之對仗，出句句法與對句句法相同。如出句爲上二下三之句法，則對句亦必用上二下三之句法；若出句上四下三，或上三下四，則對句亦必用同樣之句法，不可參差。

△律詩首聯用對，七律較五律爲多。因七律以首句入韻爲正例，其平仄既與第二句相對，故取對容易也。

△律詩之中二聯對仗，句法，宜有變化，方不致呆板。如頷聯取上三下四之句法，則頸聯宜另用上四下三或上二下五之句法。然部分詩人往往無注意及此。

△律詩對仗有流水對一種，除字面須講求對仗外，其出句與對句之意義，必須一氣相承，卽兩句共一意之謂也。如沈佺期之雜詩云：「可憐閨裡月，長在漢家營。」又如杜甫詠懷古跡：「悵望千秋一灑淚，蕭條異

代不同時。」是也。

△律詩又有當句對之體，卽於本句中自求對仗，不於出句對句中求對仗也。如王維漢江臨眺云：「江流天地外，山色有無中。」聯中天對地，有對無是爲當句對。又如杜審言大酺云：「伐鼓撞鐘驚海內，新粧袨服照江東。」聯中伐鼓對撞鐘，新粧對袨服是爲當句對。杜甫涪城縣香積寺官閣云：「小院迴廊春寂寂，浴鳧飛鷺晚悠悠。」聯中小院對迴廊，浴鳧對飛鷺是爲當句對。李商隱二月二日云：「花鬚柳眼各無賴，紫蝶黃蜂俱有情。」聯中花鬚對柳眼，紫蝶對黃蜂，是爲當句對。

△律詩又有扇面對（又稱隔句對），卽上聯出句對下聯出句，上聯對句對下聯對句是也。五律如李白「白鷺洲前月，天明送客回。靑龍山後日，早出海雲來。」（見唐音癸籤）二聯中白鷺洲前月對靑龍山後日，天明送客回對早出海雲來是爲扇面對。七律如鄭谷「昔年共照松溪隱，松折碑荒僧已無。今日還思錦城事，雪消花謝夢何如。」二聯中昔年共照松溪隱對今日還思錦城事，松折碑荒僧已無對雪消花謝夢何如，是爲扇面對。排律如杜甫之大歷三年春白帝城放船出瞿唐峽久居夔府將適江陵漂泊有詩凡四十韻云：「喜近天皇寺，先披古畫圖。應經帝子渚，同泣舜蒼梧。」二聯中，喜近天皇寺對應經帝子渚，先披古畫圖對同泣舜蒼梧是爲扇面對。

△律詩又有雙擬對之體。雙擬對者同句之中，使用不連接之同字是也。文鏡秘府之雙擬對下云：「一句之中，所論假令第一字是秋，第三字亦是秋，下句亦然，如此之類，名爲雙擬對。」如杜牧題宣州開元寺閣閣下宛溪夾溪居人云：「鳥去鳥來山色裡，人歌人哭水聲中。」方岳次韻徐宰集珠溪云：「半醉半醒寒食酒，欲晴欲雨杏花天。」杜甫清江云：「自來自去梁上燕，相親相近水中鷗。」等是也。

△以上所言除當句對、流水對爲常用者外，其餘如錯綜對、扇面對等，皆爲對仗之變例，用者不多，畧備一格耳。

△雙聲對、疊韻對、同義字對、反義字對、連綿字對、疊字對等用者甚多，於字音、字義之美，頗具影響。

第五篇　律詩之修辭研究

第一章　總論

律詩之用意處有三：一曰篇法（章法）。二曰句法。三曰字法。嚴羽滄浪詩話曰：「其用工有三：曰起結、曰句法、曰字眼。」起結者篇法也。字眼者字法也。瞿佑歸田詩話曰：「有所謂汶陽周伯　者三體法，專爲四韻五七言小律詩特設，以爲有一詩之法，有一句之法，有一字之法。」何士瑾然燈記聞曰：「爲詩須有章法、句法、字法。」徐增而庵詩話曰：「夫五言與七言不同，律與絕不同。字有字法，句有句法，章有章法。」王世貞藝苑巵言曰：「首尾開闔，繁簡奇正，各極其度，篇法也；抑揚頓挫，長短節奏，各極其致，句法也；點掇關鍵，金石綺綵，各極其造，字法也。篇有百尺之錦，句有千鈞之弩，字有百鍊之金。」是知字法之硏鍊，句法之構造，章法之謀度，皆律詩之所重。茲就鍊字、造句、裁章之次序，概述於后。

第二章　字法

第一節　鍊字之重要

王世貞藝苑巵言引皮日休之言曰：「百煉成字。」又引皇甫方之言曰：「語欲妥貼，故字必推敲。一字之瑕，足以爲玷，片語之纇，幷棄其餘。」錢冰覆園譚詩曰：「蒙古法時帆先生工詩，尤長五律，爲世傳誦，余一日謁先生于京邸。索余書一小額曰四十賢人之室。是時吳蘭雪舍人亦在座，因問所出。先生曰——昔人論五言律詩，如四十賢人，其中著一屠酤兒不得，而四十人中，又須人人知己，心心相印，方臻絕詣。余謂見此則凡古今體五七言皆然，如人之身，微有一點痛癢，則滿身不適也。先生與蘭雪俱以余知言。」是故詩不可等閒放過一字，一字不穩，累及全篇。魏慶之詩人玉屑引漁隱曰：「詩句以一字爲工，自然穎異不凡，如靈丹一粒，點鐵成金也。浩然云：『微雲淡河漢，疎雨滴梧桐。』上句之工在一『淡』字，下句之工，在一『滴』字，若非此兩字，亦焉得爲佳句也哉！」葛立方韻語陽秋載：「方干贈路明府詩云：『吟成五字句，用破一生心。』贈喻鳧云：『纔吟五字句，又白幾莖鬚。』」薛雪一瓢詩話載：「杜浣花云：『吟成五箇字，撚斷數莖鬚。』」其難其愼如此。茲就各書中選語有關鍊字者數則於左，以見昔人用心之苦及用字之精。

△唐子西文錄載——詩自有穩當字，第思之未到耳。皎然以詩名于唐，有僧袖詩謁之，然指其御溝詩云：「此波涵聖澤」，「波」字未穩，當改，僧艴然作色而去。僧亦能詩者也，皎然度其去必復來，乃取筆作「中」字掌中，握之以待。僧果復來，云更爲「中」字如何？然展手示之，遂定交，要當如此乃是。

△唐子西文錄又載——東坡作病鶴詩，嘗寫「三尺長脛瘦軀」，闕其一字，使任德翁輩下之，凡數字，東坡徐出其稿，蓋「閣」字也。此字既出，儼然如見病鶴矣。

△魏慶之詩人玉屑載陶岳五代補曰——鄭谷在袁州，齊己攜詩詣之。有早梅詩云：「前村深雪裏，昨夜數枝開。」谷曰：「數枝非早也，未若一枝。」齊己不覺下拜。自是士林以谷爲一字師。

△唐庚文錄載——歐陽公云：「陳舍人從易偶得杜集舊本，至送蔡都尉詩：『身輕一鳥』下脫一字，陳因與數客各用一字補，或云疾、或云下，莫能定。其後得一善本，乃是『身輕一鳥過』。陳大嘆服，以爲雖一失字，我輩亦不能到。

△楊用修曰：「孟集有『待到重陽日，還來就菊花』之句，刻本脫一就字，有擬補者，或作醉、或作賞、或作泛、或作對，皆不安。後得善本是『就』字，蓋出于漢樂府『就我求清酒』就字也，乃益知其妙。」

△洪景盧容齋續筆載——王荆公絕句：「京口瓜洲一水間，鍾山祇隔數重山，春風又綠江南岸，明月何時照我還？」原稿『綠』作『到』，圈去，注曰：『不好。』改『過』字，復圈去，改爲『入』，旋改爲『滿』

。凡如是十許字，始定爲『綠』。

△洪景盧容齋續筆又載——黃魯直詩「高蟬正用一枝鳴」「用」，字初作「抱」，又改曰「占」、曰「在」、曰「帶」、曰「要」、至「用」字始定。

第二節　鍊字之原則

鍊字之巧，詩人所重，八句律詩，字僅數十，於此短幅之中，思欲敍一人，使人如見其人；狀一物，使人如見其物；述一事，使人如經其事，意之所至，無不酷似，則字字必工，是以於鍊字之則，當三致意焉。鍊字之則，可言者數端：

(一)句無剩字：律詩一句僅五字或七字。是以句內不可有可去之字。

(二)避免重複字：律詩篇短，字須多變化，方有靈活之美，故字必須避免重複使用。惟前人詩或有此例，亦不足爲法。

(三)字有平仄異讀而義異者不可誤用。

(四)字義不可誤用。

(五)用字要穩當。有時用此字未穩，用彼字則甚當者，當斟酌盡善。

(六)有一字多義者，不可於一首之中，兩用同字，而前後意義不同者。

(七)有數字義皆可通者，更宜推敲，當選用精神最躍出，意味最深遠而能配合題旨者。

(八)選定平仄合譜之字，細心用之。如作拗句，必須善用拗救之法，不可失誤。

(九)押韻處必須選用較常用及音調響亮之字不可落韻。

(十)頷頸對仗之二聯，出句對句因須作對，故須選用詞性相同之字。

(十一)善用雙聲、疊韻字，可使用音節鏗鏘。
(十二)疊字為詩人所喜用。於意義外，須兼顧其音響。
(十三)一句之中，單詞複詞宜錯綜。不宜全用單詞或複詞組成。
(十四)實字、虛字宜參互使用。實字多，則意簡而句健。虛字之用，在於開合呼應，悠揚委曲轉接靈活。然虛字用不當，則柔弱緩散，難以振奮也。唐人多用實字，宋人則較喜用虛字。
(十五)用字宜雅麗，忌粗俗。
(十六)詩眼之說，起自王安石。魏慶之詩人玉屑引載筆談之說曰：「古人鍊字，只在眼上鍊。蓋五字詩以第三字為眼，七字詩以第五字為眼也。」楊載詩法家數則曰：「句中要有字眼，或腰、或膝、或足，無一定處也。」愚竊以楊氏之言為然，蓋詩眼當不限定何處，詩人鍊字，蓋多在動詞、形容詞、虛詞上用功。三詞之中，最重要者在鍊動詞，次重形容詞，虛詞又其次也。

第三節　鍊字之部位

壹、五律例

(一)鍊第二字者：

△氣蒸雲夢澤，波撼岳陽城。（孟浩然　臨洞庭上張丞相）
△風鳴兩岸葉，月照一孤舟。（孟浩然　宿桐廬江寄廣陵舊遊）
△名豈文章著，官應老病休。（杜甫　旅夜書懷）
△弓抱關西月，旗翻渭北風。（岑參　奉送李太保兼御史大夫充渭北節度使即太尉光弼弟）

㈡鍊第三字者：

△澗花然暮雨，潭樹暖春雲。（岑參　高冠谷口招鄭鄠）

△澗水吞樵路，山花醉藥闌。（參岑　初授官題高冠草堂）

△泉聲咽危石，日色冷靑松。（王維　過香積寺）

△黃葉仍風雨，靑樓自管絃。（李商隱　風雨）

△一徑入寒竹，小橋穿野花。（儲光羲　張谷田舍）

㈢鍊第五字者：

△吳楚東南坼，乾坤日夜浮。（杜甫　登岳陽樓）

△明月松間照，淸泉石上流。（王維　山居秋暝）

△香霧雲鬟濕，淸輝玉臂寒。（杜甫　月夜）

△潮平兩岸闊，風正一帆懸。（王灣　次北固山下）

△風暖鳥聲碎，日高花影重。（杜荀鶴　春宮怨）

貳、七律例

㈠鍊第二字者：

△雲橫秦嶺家何在，雪擁藍關馬不前。（韓愈　左遷至藍關示侄孫湘）

△橋通小市家林近，山帶平蕪野寺連。（韓翃　送冷朝陽還士元）

△鴉噪暮雲歸古堞，雁迷寒雨下空壕。（許渾　登洛陽故城）

△天襯樓臺籠苑外，風吹歌管下雲端。（韓偓　中秋禁直）

(二)鍊第四字者：

△河山北枕秦關險，驛路西連漢畤平。（崔顥　行經華陰）

△陽和不散窮途恨，霄漢長懸捧日心。（錢起　贈闕下裴舍人）

△驚風亂颭芙蓉水，密雨斜侵薜荔牆。（柳宗元　登柳州城樓寄漳汀封連四州刺史）

△盧橘子低山雨重，棕櫚葉戰水風涼。（白居易　西湖晚歸回望孤山寺贈諸客）

(三)鍊第五字者：

△返照入江翻石壁，歸雲擁樹失山村。（杜甫　返照）

△煙波淡蕩搖空碧，樓殿參差倚夕陽。（白居易　西湖晚歸回望孤山寺贈諸客）

△沙場烽火侵胡月，海畔雲山擁薊城。（祖詠　望薊門）

△三湘愁鬢逢秋色，萬里歸心對月明。（盧綸　晚次鄂州）

△萬里寒光生積雪，三邊曙色動危旌。（祖詠　望薊門）

(四)鍊第七字者：

△雲間樹色千花滿，竹裏泉聲百道飛。（沈佺期　奉和春初幸太平公主南莊應制）

△雲間東嶺千重出，樹裏南湖一片明。（張說　灉湖山寺）

△藍水遠從千澗落，玉山高並兩峯寒。（杜甫　九日藍田崔氏莊）

△青楓江上秋帆遠，白帝城邊古木疏。（高適　送李少府貶峽中）

第四節　疊字之使用

壹、用於頂節者：

△漠漠水田飛白鷺，陰陰夏木囀黃鸝。（王維　積雨輞川莊作）

△昏昏水氣浮山麓，汎汎春風弄麥苗。（蘇軾　題寶雞縣斯飛閣）

△娟娟霜月稍侵軒，瀲瀲星河半隱山。（蘇軾　與述古自有美堂乘月夜歸）

貳、用於頭節者：

△漠漠帆來重，冥冥鳥去遲。（李白　賦得暮雨送李曹）

△鱗鱗遠峯見，淡淡平湖春。（李頎　寄鏡湖朱處士）

△晴川歷歷漢陽樹，芳草萋萋鸚鵡洲。（崔顥　黃鶴樓）。

△世事茫茫難自料，春愁黯黯獨成眠。（韋應物　寄李儋元錫）

叄、用於腹節者：

△燕子家家入，楊花處處飛。（孟浩然　賦得盈盈樓上女）

△花雜重重樹，雲輕處處山。（杜甫　涪江泛舟送韋班歸京得山字）

△無邊落木蕭蕭下，不盡長江滾滾來。（杜甫　登高）

△穿花蛺蝶深深見，點水蜻蜓款款飛。（杜甫　曲江）

肆、用於脚節者

△相逢雖衰衰，告別莫怱怱。（杜甫　酬孟雲卿）

△汀煙輕冉冉，竹日淨暉暉。（杜甫　寒食）

△客子入門月皎皎，誰家搗練風淒淒。（杜甫　暮歸）

△信宿漁人還汎汎，清秋燕子故飛飛。（杜甫　秋興八首）

第三章　句法

第一節　鍊句之原則

王世貞藝苑卮言引皮日休之言曰：「千煉成句。」一句之累，全首皆失；一句之精，全篇生動。全篇意境風格高超，固屬難能可貴，然篇中有佳句，亦足以驚動耳目。自古及今之詩，輒有以一二佳句而名聞天下，甚至流播後世，傳誦不衰者。是故鍊句之工不可缺也。

第二節　句式

一篇之安排最當注意者，卽爲造句之程式是也。句式之用，在於顯示停頓。律句中除於平仄見其節奏外，停頓之用，亦可使其節奏更爲顯明，詞義更爲穩定，蓋頓讀不同，詞義大別。讀者宜深知之。故律詩句法，不可不注意其詞句之構造程式也。茲就五律句式與七律句式分敍如下：五律句式有四：甲、上一下四式。乙、上二下三式。丙、上三下二式。丁、上四下一式；七律句式亦有四：甲、上二下五式。乙、上三下四式。丙、上四下三式。丁、上五下二式。並舉數例以明之：

壹、五律句式

甲、上一下四式

△行——到水窮處，
坐——看雲起時。（王維 終南別業）

△氣——蒸雲夢澤，
波——撼岳陽城。（孟浩然 臨洞庭上張丞相）

△風——鳴兩岸葉，
月——照一孤舟。（孟浩然 宿桐廬江寄廣陵舊遊）

△欲——尋芳草去，
惜——與故人違。（孟浩然 留別王維）

△名——豈文章著，
官——應老病休。（杜甫 旅夜書懷）

△勢——分三足鼎，
業——復五銖錢。（劉禹錫 蜀先主廟）

乙、上二下三式

△露重——飛難進，
風多——響易沉。（駱賓王　在獄詠蟬）
△烽火——連三月，
家書——抵萬金。（杜甫　春望）
△竹喧——歸浣女，
蓮動——下漁舟。（王維　山居秋暝）
△不才——明主棄，
多病——故人疏。（孟浩然　歲暮歸南山）
△潮平——兩岸濶，
風正——一帆懸。（王灣　次北固山下）
△雨中——黃葉樹，
燈下——白頭人。（司空曙　喜外弟盧綸見宿）

丙、上三下二式

△泉聲咽——危石，
日色冷——青松。（王維　過香積寺）
△孤燈寒——照雨，
深竹暗——浮烟。（司空曙　雲陽館與韓紳宿別）
△野火燒——不盡，
春風吹——又生。（白居易　草）
△五更疏——欲斷，

一樹碧——無情。（李商隱　蟬）

丁、上四下一式

△少婦今春——意，
良人昨夜——情。（沈佺期　雜詩）
△山隨平野——盡，
江入大荒——流。（李白　渡荊門送別）
△雲霞出海——曙，
梅柳渡江——春。（杜審言　和晉陵陸丞相早春游望）
△明月松間——照，
清泉石上——流。（王維　山居秋暝）
△香霧雲鬟——濕，
清輝玉臂——寒。（杜甫　月夜）
△漸與骨肉——遠，
轉於僮僕——親。（崔塗　除夜有作）

貳、七律句式

甲、上二下五式

△河山——北枕秦關險，
驛路——西連漢時平。（崔顥　行經華陰）
△黃鶴——一去不復返，
白雲——千載空悠悠。（崔顥　黃鶴樓）

△寄身——且喜滄洲近，
顧影——無如白髮何！（劉長卿　江州重別薛六柳八二員外）
△漢口——夕陽斜度鳥，
洞庭——秋水遠連天。（劉長卿　自夏口至鸚鵡洲夕望岳陽寄源中丞）
△三山——半落青天外，
二水——中分白鷺洲。（李白　登金陵鳳凰臺）
△花徑——不曾緣客掃，
蓬門——今始爲君開。（杜甫　客至）
△曉鏡——但愁雲鬢改，
夜吟——應覺月光寒。（李商隱　無題）

乙、上三下四式

△嶺樹重——遮千里目，
江流曲——似九迴腸。（柳宗元　登柳州城樓寄漳汀封連四州刺史）
△落木雲——連秋水渡，
亂山烟——入夕陽橋。（王安石　九日登東山寄昌叔）

丙、上四下三式

△武帝祠前——雲欲散，
仙人掌上——雨初晴。（崔顥　行經華陰）
△晴川歷歷——漢陽樹，
芳草萋萋——鸚鵡洲。（崔顥　黃鶴樓）

△漠漠水田——飛白鷺，
陰陰夏木——囀黃鸝。（王維 積雨輞川莊作）

△漢文有道——恩猶薄，
湘水無情——弔豈知。（劉長卿 長沙過賈誼宅）

△世事茫茫——難自料，
春愁黯黯——獨成眠。（韋應物 寄李儋元錫）

△無邊落木——蕭蕭下，
不盡長江——滾滾來。（杜甫 登高）

△春蠶到死——絲方盡，
蠟炬成灰——淚始乾。（李商隱 無題）

丁、上五下二式

△孤城背嶺寒——吹角，
獨戍臨江夜——泊船。（劉長卿 自夏口至鸚鵡洲夕望岳陽寄源中丞）

△永夜角聲悲——自語，
中天月色好——誰看。（杜甫 宿府）

△五更鼓角聲——悲壯，
三峽星河影——動搖。（杜甫 閣夜）

△野哭幾家聞——戰伐，
夷歌數處起——漁樵。（杜甫 閣夜）

句式之別，概如上列。然其運用有常偶之不同。常例多，偶例少。蓋律詩既以平仄構成音節，故句式所構成之音節，亦宜與平仄相同。平仄譜中，以兩字爲一音節，七律之第一二字爲頂節，三四字爲頭節，五六字爲腹節，第七八字爲脚節。五律之第一二字爲頭節，三四字爲腹節，第五字爲脚節。故七律之第二、四、六字爲節奏點，五律第二四字爲節奏點，凡節奏點之處，即爲語氣停頓之所；句式之用，亦在顯明語氣之停頓。若然則兩種停頓之所，當求其一致爲善。故七律之句式以上二下五，上四下三爲常例；而以上三下四，上五下二爲偶例。五律則以上二下三，上四下一爲常例；而以上一下四，上三下二爲偶例也。

句式之，除常偶外，尚有二原則爲詩人所矚目者，一爲出句與對句之句式宜同，尤以頷頸二聯爲然。二爲各聯句法，宜求錯綜變化，切忌重複。

第三節　句類

詩學語句之類，概括言之，約有議論、抒情、述志、寫景、詠物等數種。律詩中議論之語句較少。抒情寫景之語句較多。茲就四類分法，舉例如下：

壹、議論之語句

△海內存知已，天涯若比鄰。（王勃　杜少府之任蜀州）

△獨有宦遊人，偏驚物候新。（杜審言　和晉陵陸丞早春遊望）

△清新庾開府，俊逸鮑參軍。（杜甫　春日懷李白）

△社稷依明主，安危托婦人。（戎昱　和番）

△漢文有道恩猶薄，湘水無情弔豈知。（劉長卿　過賈誼宅）

△伯仲之間見伊呂，指揮若定失蕭曹。（杜甫　詠懷古跡）

△神女生涯原是夢，小姑居處本無郎。（李商隱　無題）

貳、抒情述志之語句

△拭淚霑襟血，梳頭滿面絲。「沉痛」（杜甫　遣興）
△爲客黃金盡，還家白髮新。「悽惋」（王維　送丘爲落第歸江東）
△有弟皆分散，無家問死生。「悲悽」（杜甫　月夜憶舍弟）
△不才明主棄，多病故人疏。「悲怨」（孟浩然　歸終南山）
△親朋無一字，老病有孤舟。「悲寂」（杜甫　登岳陽樓）
△無人信高潔，誰爲表予心。「哀怨」（駱賓王　在獄詠蟬）
△當路誰相假，知音世所稀。「哀嘆」（孟浩然　留別王維）
△浮雲世事改，孤月此心明。「感慨」（蘇軾　次韻江海叔）
△人事有代謝，往來成古今。「感慨」（孟浩然　與諸子登峴山作）
△茫茫江漢上，日暮欲何之。「漂泊」（劉長卿　送李中丞歸漢陽別業）
△飄飄何所似，天地一沙鷗。「漂泊」（杜甫　旅夜書懷）
△行到水窮處，坐看雲起時。「閑適」（王維　終南別業）
△抱琴看鶴去，枕石待雲歸。「閑適」（李端　題崔端公園林）
△乍見翻疑夢，相悲各問年。「喜悅」（司空曙　雲陽館與韓紳宿別）
△但令歸有日，不敢怨長沙。「忠厚」（宋之問　度大庾嶺）
△自當逢雨露，行矣愼風波。「勸慰」（高適　送鄭侍御謫閩中）
△出師未捷身先死，長英使雄淚滿襟。「沉痛」（杜甫　蜀相）
△知汝遠來應有意，好收吾骨瘴江邊。「沉鬱」（韓愈　左遷至藍關示姪孫湘）
△我已無家尋弟妹，君今何處訪庭闈。「沉鬱」（杜甫　送韓十四江東省覲）
△海內風塵諸弟隔，天涯涕淚一身遙。「憂悽」（杜甫　野望）

△萬里悲秋常作客，百年多病獨登臺。「悲悽」（杜甫　九月登高）

△江客不堪頻北望，塞鴻何事又南飛。「感慨」（皇甫冉　同溫丹徒登萬歲樓）

△今日俸錢過十萬，與君營奠復營齋。「悲懷」（元稹　遣悲懷）

△細推物理須行樂，何用浮名絆此身。「閒適」（杜甫　曲江）

△山中習靜觀朝槿，松下清齋折露葵。「閒適」（王維　積雨輞川莊作）

△勿使燕然上，唯留漢將功。「雄渾」（陳子昂　送魏大將軍）

△願將腰下劍，直為斬樓蘭。「自負」（李白　塞下曲）

△須令外國使，知飲月支頭。「雄健」（王維　送平淡然判官）

△當令外國懼，不敢覓和親。「豪壯」（王維　送劉司直赴安西）

叁、寫景詠物之語句

△吳楚東南坼，乾坤日夜浮。「雄闊」（杜甫　登岳陽樓）

△星垂平野闊，月湧大江流。「雄渾」（杜甫　旅夜書懷）

△大聲吹地轉，高浪蹴天浮。「豪壯」（杜甫　江漲）

△風勁角弓鳴，將軍獵渭城。「勁健」（王維　觀獵）

△氣蒸雲夢澤，波撼岳陽城。「壯闊」（孟浩然　望洞庭湖贈張丞相）

△山隨平野盡，江入大荒流。「雄闊」（李白　渡荊門送別）

△萬壑樹參天，千山響杜鵑。「俊邁」（王維　送梓州李使君）

△楚塞三湘接，荊門九派通。「廣闊」（王維　漢江臨眺）

△犬吠水聲中，桃花帶雨濃。「鮮妍」（李白　訪戴天山道士不遇）

△雨水夾明鏡，雙橋落采虹。「綺麗」（李白　秋登宣城謝朓北樓）

△澗花然暮雨，潭樹暖春雲。「工麗」（岑參　高冠口招鄭鄠）

△清磬度山翠，閒雲來竹房。「幽靜」（崔峒　題崇福寺禪師院）

△泉聲咽危石，日色冷青松。「幽靜」（王維　過香積寺）

△山遠疑無樹，潮平似不流。「實境」（韋承慶　凌朝浮江旅思）

△曲徑通幽處，禪房花木深。「實境」（崔顥　破山寺後禪院）

△無邊落木蕭蕭下，不盡長江滾滾來。「宏闊」（杜甫　九日登高）

△三晉雲山皆北向，二陵風雨自東來。「雄渾」（崔曙　九日登望仙臺呈劉明府）

△河山北枕秦關險，驛路西連漢畤平。「壯濶」（崔顥　行經華陰）

△江間波浪兼天湧，塞上風雲接地陰。「壯濶」（杜甫　秋興八首）

△錦江春色來天地，玉壘浮雲變古今。「壯濶」（杜甫　登樓）

△五更鼓角聲悲壯，三峽星河影動搖。「壯偉」（杜甫　閣夜）

△半夜樓臺橫海日，萬家蕭鼓過江風。「壯濶」（王令　憶潤州葛使臣）

△樓船夜雪瓜州渡，鐵馬秋風大散關。「雄壯」（陸游　書憤）

△眉黛奪將萱草色，紅裙妒殺石榴花。「艷麗」（萬楚　五日觀妓）

△白沙翠竹江村暮，相送柴門月色新。「綺麗」（杜甫　將赴成都草堂途中有作先寄嚴鄭公五首）

△樹頭樹底參差雪，枝北枝南次第春。「工麗」（戴復古　山中見梅寄曾無疑）

△桃花細逐楊花落，黃鳥時兼白鳥飛。「工麗」（杜甫　曲江）

△返照入江翻石壁，歸雲擁樹失山村。「實境」（杜甫　返照）

△門前翠影山無數，竹下寒聲水亂流。「清深」（蘇舜欽　留題樊川李長官莊）

△魚腥蘆蘆橋邊市，花暗深深竹裡窗。「實境」（梅堯臣　依韻和孫都官河山寫望）

△青林霜日換楓葉，白水秋風吹稻花。「工麗」（歐陽修　春晴書事）
△疎影橫斜水清淺，暗香浮動月黃昏。「綺麗」（林逋　山園小梅）
△落木雲連秋水渡，亂山烟入夕陽橋。「秀麗」（王安石　九日登東山寄昌叔）
△雪消池館初春後，人倚闌干欲暮時。「實境」（呂本中　春日即事）
△江頭一尺稻花雨，窗外三更蕉葉風。「實境」（范成大　新涼夜坐）
△山重水復疑無路，柳暗花明又一村。「實境」（陸游　游山西村）

第四節　倒裝法

律詩句法偶用倒裝。倒裝之用，在求合平仄與使意境突出。其別有二：一曰倒裝句。二曰倒裝聯。

壹、倒裝句：

如常建之破山寺後禪院云：「山光悅鳥性，潭影空人心。」概鳥性之悅，悅以山光；人心之空，空因潭影。故此聯二句爲「鳥性悅山光，人心空潭影」之倒裝也。

又如杜甫之秋興八首云：「香稻啄餘鸚鵡粒，碧梧棲老鳳凰枝。」概此聯二句當爲「鸚鵡啄餘香稻粒，鳳凰棲老碧梧枝」之倒裝也。

倒裝句法，用者鮮少，時使詞意不暢，故不宜仿效。

貳、倒裝聯：

如王維之觀獵云：「風勁角弓鳴，將軍獵渭城。」概詩人爲求突兀，不使落於凡筆。故本當將軍獵渭城而後聞見風勁角弓鳴之景，倒裝之使其醒目也。

又如杜甫之登樓云：「近花高樓傷客心，萬方多難此登臨。」此聯當爲「萬方多難此登臨，花近高樓傷客心。」之倒裝也。

倒裝聯法，用者較衆，且多於起聯行之者。

第五節　一句含數層之意

律詩僅八句而已，於八句之中，欲完全寄託一人之心意，則必於鍊句下工夫，使一句之中，包含數層意義，方可收長篇大論之效。如杜甫之登高：「萬里悲秋常作客，百年多病獨登臺。」一聯中，含有十層意。「作客」爲一層；「常作客」爲二層；「秋常作客」爲三層；「悲秋常作客」爲四層；「萬里悲秋常作客」爲五層。「登臺」爲一層；「獨登臺」爲二層；「病獨登臺」爲三層；「多病獨登臺」爲四層；「百年多病獨登臺」爲五層。短短十四字中含有十層意義，鍊句之巧，於斯可見。爲詩若能於此中，多加體會領悟，當必有進境。

第四章　章法

第一節　章法之重要

徐增而庵詩話曰：「章有章法。」又曰：「余嘗得佳句喜極，及至詩成時，却改到不見好處，方歇手，乃知古人爲了章法，塗抹佳句至多也。」沈德潛說詩晬語曰：「詩貴性情，亦須論法，雜亂無章，非詩也。」蓋詩以宣達情性，全詩在說明一種宗旨，若强湊八句，互不連綴，何以見意。故律詩章法，最重血脈貫通，一氣渾成，井然有次，首尾相應，如常山之蛇，擊頭則尾至，擊尾則頭至，擊中則頭尾俱至，絕無攢湊堆瑑之跡，方是善於章法者也。

第二節　起承轉合法

元人范梈（德機）首用「起、承、轉、合」四字，以爲近體詩分段之名稱。王士禎師友詩傳續錄載：「范德機謂第一聯爲起，第二聯爲承，第三聯爲轉，第四聯爲合。」又載——問：「律詩論起承轉合法否？」答：「勿論古文今文、古今體詩，皆離此四字不可。」楊載詩法家數曰：「律詩要法：起、承、轉、合」蓋起承轉合之章法，爲唐詩之大凡，唐代律詩之章法往往在起承轉合規矩之中也。

壹、五律例

△空山新雨後，天氣晚來秋。明月松間照，清泉石上流。竹喧歸浣女，蓮動下漁舟。
隨意春芳歇，王孫自可留。（王維　山居秋暝）

案：此詩首聯點起題目「山居」、「秋暝」二語。頷聯緊承首聯描寫秋山景色。頸聯由頷聯描寫自然轉爲敍說人事。尾聯以說明作者依戀山居之情思作結。

△昔聞洞庭水，今上岳陽樓。吳楚東南坼，乾坤日月浮，親朋無一字，老病有孤舟。
戎馬關山北，憑軒涕泗流。（杜甫　登岳陽樓）

案：此詩首聯點起題目「岳陽樓」。頷聯緊接首聯描寫岳陽樓上所見之壯觀。頸聯反轉敍說人事。尾聯則以書寫情懷作結。

貳、七律例

△昔人已乘黃鶴去，此地空餘黃鶴樓。黃鶴一去不復返，白雲千載空悠悠。
晴川歷歷漢陽樹，芳草萋萋鸚鵡洲。日暮鄉關何處是，煙波江上使人愁。

（崔顥　黃鶴樓）

案：此詩首聯卽點起題目「黃鶴樓」。頷聯緊承首聯「黃鶴去」以後之淒涼情景。頸聯轉寫樓中望見漢陽、鸚鵡洲之繁華。尾聯則以戀闕懷鄉之意作結。

△丞相祠堂何處尋，錦官城外柏森森。映階碧草自春色，隔葉黃鸝空好音。三顧頻煩天下計。兩朝開濟老臣心，出師未捷身先死，長使英雄淚滿襟。

（杜甫　蜀相）

案：此詩首聯點起題目「丞相」。頷聯緊承題目描寫丞相祠堂景色。頸聯反轉說明人事。尾聯則以感想爲結。

△陽月南飛雁，傳聞至此廻。我行殊未已，何日復歸來？江靜潮初落，林昏瘴不開。明朝望鄉處，應見隴頭梅。（宋之問　題大庾嶺北驛）

案：此詩首聯用南雁飛自比法起。頷聯緊承首聯「飛雁自此廻」，以與己尙遠征未得歸。頸聯反轉描寫庾嶺景色。尾聯則以望鄉作結。

第三節　前解後解

起承轉合之說，亦有不同於范梈者。王士禎師友詩傳續錄曰：「起承轉合，章法皆是如此，不須拘定第幾聯，第幾句也。」圍爐詩話曰：「遵起承轉合之法者，亦有二體：一者合作舉業之式——前聯爲起，如起比虛做，以引起下文；次聯爲承，此中比實做。第三聯爲轉，如後比又虛做；末聯爲合，如末題。一者首聯爲起，中二聯爲承，第七句爲轉，第八句爲合，如杜詩之江村是也。」

因有范梈第一聯爲起，第二聯爲承，第三聯爲轉，第四聯爲合之言，故金聖嘆選批唐才子律詩以前解後解爲說。徐增而庵詩話曰：「聖嘆唐才子書，其論律分前解、後解。截然不可假借，聖嘆身在大光明藏中，眼光照徹。便出一手，吾最服膺其瞻識。」前解後解之說，詩人稱爲解數，前解者第一聯、第二聯之四句爲一解也。後解者，第三聯第四聯之四句爲一解也。唐代律詩章法既以起承轉合之章法爲大凡，則起承爲一意。轉合爲一意。故聖嘆遂分之爲前解後解矣。徐增而庵詩話又曰：「不知解數則不成章法。總不出頓挫與起承轉合諸法耳」。更曰：「解數起承轉合，何故而知其爲正法眼藏也。夫作詩須從看詩起，吾以此法，觀唐詩及唐已前詩，無不煥然照面，若合符節，故知其爲正法眼藏無疑也。」聖嘆而後，王堯衢古唐詩合解一書，亦以前解後解爲釋焉。

第四節　首聯之作法

律詩起句，詩人所難。嚴羽滄浪詩話曰：「對句好可得，結句好難得，發句好尤難得。」楊愼升菴詩話曰：「五律起句最難。」楊載詩法家數曰：「五言七言，句語雖殊，法則則一，起句尤難。」律詩難在起句，似爲詩人所同感，然不得以所難廢其學也。故有待詳論之。

壹、詞意方面：

一、起句貴遒勁高突，含蓋全篇體勢。

△謝榛四溟詩話曰：「凡起句當如爆竹，驟響易徹。」
△施補華峴傭說詩曰：「起處須有峻嶒之勢。」
△楊載詩法家數曰：「破題要突兀高遠，如狂風捲浪，勢欲滔天。」
△沈德潛說詩晬語曰：「起手貴突兀。」
△方東樹昭昧詹言曰：「起句須莊重，峯勢鎮壓，含蓋得一篇體勢，忌用宋人輕側之筆。」

起句之遒勁高突者如王維之觀獵詩云：「風勁角弓鳴，將軍獵渭城。」及送梓洲李使君：「萬壑樹參天，千山響杜鵑。」杜甫之秦州雜詩云：「莽莽萬重山，孤城山谷間」及送遠云：「帶甲滿天下，胡爲君遠行。」岑參之陝州月城樓送辛判官入奏云：「送客飛鳥外，城頭樓最高。」諸句皆警策之言，未易枚舉，杜甫詩尤多此類，學者可自摸擬得之。

二、起句不可草率。

△薛雪一瓢詩話曰：「發端斷不可草率，要知發端草率，下無聲勢。」

貳、題裁方面：

△楊載詩法家數曰：「或對景興起、或比起、或引事起、或就題起。」

△游藝子六氏輯詩法入門言起句法凡十五種之多，其言曰：「起句法共十五種：實敍、狀景、問答、頌美、弔古、傷今、懷愁、感嘆、時序、直入、引端、虛發、反題故事、順題故事、或聯句。」首聯稱爲起句，有正起（明起、暗起），反起之法。起句又稱「破題」。破題者起句當點破題義、或點出題目之意也。如杜甫之寒食云：「寒食江村路，風花高下飛」者，明起也；林逋之梅花云：「衆芳搖落獨暄妍，占斷風情向小園」者，暗起也；杜甫之晴云：「久雨巫峽暗，新晴錦繡文」者，反起也。

叁、對仗方面：

起句貴遒勁高突，故以不對爲宜。若起句對仗，則常爲對仗所拘，而顯呆板拘絆之象，何得占濶地步，展其騏驥馳騁之勢乎？然亦有用對仗得勢者，此爲偏例，可所偶得，不必强求也。

第五節　頷頸二聯之作法

律詩第二聯（三四句）稱爲頷聯，第三聯（五六句）稱爲頸聯。頷頸二聯爲律詩所重。謝榛四溟詩話曰

：「詩以兩聯爲主，起結輔之，渾然一氣。」又曰：「范德機曰——律詩先得中四句，當以神氣爲主，全篇渾成，無餖飣之迹，唐人間有此法。」李東陽懷麓堂詩話曰：「唐律多於聯上著工夫。」施補華峴傭說詩曰：「今人作律詩，往往先作中二聯，然後裝成首尾。」凡此諸言，皆足明律詩中二聯之重要矣。茲闡述其作法如下：

壹、詞意方面：

楊載詩法家數曰：「頷聯要接破題，要如驪龍之珠，抱而不脫。頸聯與前聯之意應相避，要變化如疾雷破山，觀者驚愕。」蓋頷聯者，范梈稱爲「承」，故頷聯之處，須緊承首聯而書之，抱而不脫也。頸聯者，范梈稱爲「轉」，故頸聯之處，須轉換他意書之，變化如疾雷破山也。沈德潛說詩晬語曰：「三四貴勻稱，承上斗峭而來，宜緩脈赴之。五六必聳然挺拔，別開一境，上既和平，至此必須振起也。」轉之法有三：一曰旁襯法，二曰進一層法，三曰另闢一意法。

貳、題裁方面：

楊載詩法家數曰：「頷聯或寫意，或寫景，或書事、用事引證。頸聯或寫意、寫景、書事、用事引證。」觀此則頷頸二聯所寫者，不外意、景、事三者也。然意、事二者屬情之一面，故論律詩中二聯之題裁，常有「情景」之說。王夫之薑齋詩話曰：「近體中二聯，一情一景，一法也。吳騫拜經樓詩話曰：「律詩中二聯，往往一聯寫情，一聯卽景。情聯多活，活則神氣生動。景聯多板，板則格法端詳，此一定之法，亦自然之文也。」律詩中二聯既有情景二端，詩人常喜其變化，而不喜其全情或全景，此所以稱爲「轉」也。楊載詩法家數曰：「前聯既詠狀，後聯須寫人事，兩聯最忌同律。」李重華貞一齋詩說曰：「詩中有情有景，且以律詩淺言之，四句兩聯，必須情景互換，方不複沓。」故頷聯寫景，則頸聯轉而書情，若頷聯書情，則頸聯轉而寫景。景物與人事，交相變換，此律詩中二聯之大法也。

第有待煩言者，情景固爲中二聯之大限。然景情不可脫節。必使情景配合交融，方是佳妙。情須景中之情，景須情中之景。質言之，若情爲離別悲哀之情，則景當爲蕭條零落之景。反之亦然。故沈德潛說詩晬語曰：「寫情寫景，不宜相礙。」誠屬卓越之見也。

律詩中二聯除一聯景物，一聯人事外，又有二聯或二聯俱人事者。更有人事與作景（出句人事，對句爲景物；出句景物，對句人事）或人事景物雙收（寓人於景，生景於人，人景交融於一句之中，無法分析）者。聊舉數例以明之。

一、頷聯景物，頸聯人事者：

△氣蒸雲夢澤，波撼岳陽城。——頷聯景物。
欲濟無舟楫，端居恥聖明。——頸聯人事。（孟浩然　臨洞庭上張丞相）

△山中一夜雨，樹杪百重泉。——頷聯景物。
漢女輸橦布，巴人訟芋田。——頸聯人事。（王維　送梓州李使君）

△星垂平野闊，月湧大江流。——頷聯景物。
名豈文章著，官應老病休。——頸聯人事。（杜甫　旅夜書懷）

△漠漠水田飛白鷺，陰陰夏木囀黃鸝。——頷聯景物。
山中習靜觀朝槿，松下清齋折露葵。——頸聯人事。（王維　積雨輞川莊作）

△江上月明胡雁過，淮南木落楚山多。——頷聯景物。
寄身且喜滄洲近，顧景無如白髮何。——頸聯人事。（劉長卿　江州重別薛六柳八二員外）

△無邊落木蕭蕭下，不盡長江滾滾來。——頷聯景物。
萬里悲秋常作客，百年多病獨登臺。——頸聯人事。（杜甫　登高）

△錦江春色來天地，玉壘浮雲變古今。——頷聯景物。
北極朝廷終不改，西山寇盜莫相侵。——頸聯人事。（杜甫　登樓）

二、頷聯人事，頸聯景物者：

△我行殊未已，何日復歸來？——頷聯人事。

江靜潮初落，林昏瘴不開。——頸聯景物。（宋之問　題大庾嶺北驛）

△倚仗柴門外，臨風聽暮蟬。——頷聯人事。

渡頭餘落日，墟里上孤煙。——頸聯景物。（王維　輞川閒居贈裴秀才迪）

△老至居人下，春歸在客先。——頷聯人事。

嶺猿同旦暮，江柳共風煙。——頸聯景物。（劉長卿　新年作）

△乍見翻疑夢，相悲各問年。——頷聯人事。

孤燈寒照雨，深竹暗浮烟。——頸聯景物。（司空曙　雲陽館與韓紳宿別）

△波上馬嘶看棹去，柳邊人歇待船歸。——頷聯人事。

數叢沙草羣鷗散，萬頃江田一鷺飛。——頸聯景物。（溫庭筠　利州南渡）

△神女生涯原是夢，小姑居處本無郎。——頷聯人事。

風波不信菱枝弱，月露誰敎桂葉香。——頸聯景物。（李商隱　無題）

三、頷頸二聯皆景物者：

△江流天地外，山色有無中。——頷聯。

郡邑浮前浦，波瀾動遠空。——頸聯。（王維　漢江臨眺）

△山隨平野盡，江入大荒流。——頷聯。

月下飛天鏡，雲生結海樓。——頸聯。（李白　渡荆門送別）

△武帝祠前雲欲散，仙人掌上雨初晴。——頷聯。

河山北枕秦關險，驛路西連漢畤平。——頸聯。（崔顥　行經華陰）

△萬株松樹靑山上，十里沙隄明月中。——頷聯。
樓角漸移當路影，潮頭欲過滿江風。——頸聯。（白居易　夜歸）
四、頷頸二聯俱人事者：
△與君離別意，同是宦遊人。——頷聯。
海內存知己，天涯若比鄰。——頸聯。（王勃　杜少府之任蜀州）
△勢分三足鼎，業復五銖錢。——頷聯。
得相能開國，生兒不象賢。——頸聯。（劉禹錫　蜀先主廟）
△世事茫茫難自料，春愁黯黯獨成眠。——頷聯。
身多疾病思田里，邑有流亡愧俸錢。——頸聯。（韋應物　寄李儋元錫）
△卻看妻子愁何在？漫卷詩書喜欲狂。——頷聯。
白日放歌須縱酒，靑春作伴好還鄉。——頸聯。（杜甫　聞官軍收河南河北）
五、人事與景物作對者：
△鄉淚客中盡，孤帆天際看。——出句人事，對句景物。（孟浩然　早寒有懷）
△路出寒雲外，人歸暮雪時。——出句景物，對句人事。（盧綸　送李端）
△江客不堪頻北望，塞鴻何事又南飛。——出句人事，對句景物。（皇甫冉　同溫丹徒登萬歲樓）
△鳥去鳥來山色裡，人歌人哭水聲中。——出句景物，對句人事。（杜牧　題宣州開元寺水閣閣下宛溪夾溪居人）
六、人事與景物雙收者：
△浮雲遊子意，落日故人情。——寓景於情。（李白　送友人）
△感時花濺淚，恨別鳥驚心。——寄情於景。（杜甫　春望）
△三湘愁鬢逢秋色，萬里歸心對月明。——融景於情。（盧綸　晚次鄂縣）

△指揮如意天花落，坐臥閑房春草深。——融情入景。（李頎　題璿公山池）

參、對仗方面

律詩中二聯，以對仗為正例。綜觀唐宋律詩，要以中二聯講求對仗者為衆。沈德潛說詩晬語曰：「三四語多流走，亦竟有散行者。然必有不得不散之勢乃佳。苟艱於屬對，率爾放筆，是散勢以文其陋也。又有通體俱散者：李太白夜泊牛渚、孟浩然晚泊潯陽、釋皎然尋陸鴻漸等章，興到成詩，人力無與，匪垂典則，偶存標格而已。」是知律詩中二聯必以屬對為正。

律詩中二聯句式宜錯綜變化，方不至合掌板滯。如頷聯為上四下三句法，頸聯須用另外之句式，或上三下四、或上二下五均可。此法或多不講求者，然竊以為必如是方美。

第六節　尾聯之作法

律詩末聯（七八句）稱為「結句」又稱「尾聯」。王士禎漁洋詩話曰：「一篇無好結句，可見其人終無成也。」律詩結尾固難，而其關繫人之成功與否，余雖未敢定。然余敢斷言者，詩無好結句，終非好詩也。

壹、詞意方面：

△楊載詩法家數曰：「結句或就題結，或開一步，或繳前聯之意，或用事必放一句作散場。如剡溪之棹，自去自回，言有盡而意無窮。」又曰：「尾聯能開一步，別運生意結之，然亦有合起意者亦妙。」

△施潤章蠖齋詩話曰：「結句有承上意者，須蛛絲馬跡乃佳。」

△王士禎漁洋詩話曰：「一篇全在結句。如截奔馬，辭意俱盡；如臨水送將歸，辭盡意不盡；若夫意盡辭不盡，剡谿歸棹是也。辭意俱不盡，溫伯雪子是也。」

△沈德潛說詩晬語曰：「收束或放開一步，或宕出遠神，或本位收住。張燕公『不作邊城將，誰知恩遇深。』就夜飲收住也；王右丞『君問窮通理，漁歌入浦深』從解帶彈琴宕出遠神也；杜工部『何當擊凡馬，毛血灑平蕪。』就畫鷹說到眞鷹，放開一步也。就上文體勢行之。」

△方東樹昭昧詹言曰：「結句大約別出一層，補完題蘊。須有不盡遠想，大概如此，不可執著。結句要出場，用意須高大深遠沈著，忌淺近浮佻。」

△楊萬里誠齋詩話曰：「金針法云——八句律詩，落句要如高山轉石，一去不同。予以爲不然，詩已盡而味方永，乃善之善也。」

△謝榛四溟詩話曰：「凡結句當如撞鐘，清音有餘。」

△施補華峴傭說詩曰：「收處須有完固之力……收處作回顧之筆，兜裹全篇，恰與起筆倒入者相照應。」

大抵尾聯須能照應前三聯之意。且以含藏清音餘響，韻味雋永爲能事也。

貳、題裁方面

游藝子六氏輯詩法入門一書，於尾聯結句，凡列十七法。其言曰：「結句共十七法：勸戒、祝頌、自感、自愛、相思、寓意、欣歡、景燕、故事、激烈、期約、懷感、廻顧、繳收、含情不盡、餘意無窮、或用聯對。」此論堪稱詳實，學者與詩參驗，久必有得於心，難以數語道盡也。

叁、對仗方面

律詩尾聯既欲其照應全篇，又欲其韻味雋永，餘意無窮，故以散行而不對仗爲宜。前人雖亦有尾聯用對者，究爲少見，不必資爲楷式也。

第五章　用典

第一節　引論

援引典故，詩人所尚。或引用成辭，或引用史事者均屬之。所謂成辭者，經、史、子、集中之詞語是也：所謂史事者，古代之人事也。

爲詩援引典故，其來有自。王世懋藝圃擷餘曰：「兩漢以來，曹子建出，而始爲宏肆，多主倩態，此一變也，自此作者多入史語；謝靈運出，而易辭、莊語，無所不用矣，又一變也；杜子美出而百家稗官，都作雅言，馬渤牛溲，咸成鬱致，於是詩之變極矣。子美而後，而欲令人毁覿妝，張空拳以當市肆萬人之觀，必不能也。然則古詩雖白描，自六朝間，已多用典實；至唐而用事之風尤盛。居今日而言詩，專主淸空一派，太羹玄酒，鮮不厭其寡味矣。」其論援引典實，頗爲詳備。

典故之用，在求取古語以申今意，譬古人以況今人，論古事以言今事，寄白描直敍於襯託蘊蓄之中，化千言萬語於片詞隻字之內，一可避免語詞之繁累，一可使詩之含意無窮，在古代專制時期，尤可避免禍尤，而收諍諫之效。其爲詩人所尚，不亦宜乎！

第二節　用典之法則

用典之法則，概有數端——一曰妥切：引用古人古事，必與詩中所欲詠敍之人與事相類，不可率爾用之，致令全不符合，若更誤用，愈足貽笑方家，最所當忌；二曰自然：運用典故，須如自出胸臆，使人不覺其用典，如水中溶鹽，視而不見，啖之乃知鹽味，方盡其妙。最忌摭拾典故，强行塡塞，致顯堆垜硬湊之跡；三曰淺顯：用典須淺明易知，博學者固知其引之所從來，即淺學者亦能領悟，如此方不爲人所厭。最忌引用深奧冷僻之典故，使人難於理解。黃子雲野鴻詩的曰：「自漢以迄中唐，詩家引用典故，多本之經傳史漢，事事灼然易曉，下逮温（温庭筠）李（李商隱），力不能運清眞之氣，又度無以取勝，專以搜漢魏諸秘書，括其事之冷寂而罕見者，不論其義之當與否，擒剝塡綴於詩中，以誇耀己之學問淵博，俗眼被其炫惑，皆爲之卷舌申眉，咄咄嗟賞，師承惟恐或後。二人志慮若此，又安用考厥平生，而後知其邪僻哉？」黃氏雖僅對温李二人屬詞嚴責，確可爲援引典故者之借鑑也。相傳李商隱爲詩，號稱獺祭。宋代西崑體作家沿商隱之風，其鉅子楊億爲詩，常使子孫就題實書檢討出處，以片紙錄之俾供掇拾，故世人謂之「衲被」。此種塡塞典故之病，宜愼避之。

第三節　用典之方法

用典之法，亦有數端——一曰明用：如杜甫奉酬嚴公寄題野堂之作云「謝安不倦登臨費，阮籍焉知禮法疎。」春日憶李白云：「清新庾開府，俊逸鮑參軍。」別房太尉墓云：「對棋陪謝傅，把劍覓徐君。」既明言其人，復明言其事，是爲明用。二曰暗用：宋之問陸渾山莊云：「源水看花入，幽林採藥行。」初視若僅寫其地景物，然上句暗用陶潛桃花源事。下句暗用龐公登鹿門山採藥事。又如杜甫送持侍云：「靑靑竹筍迎船出，白日江魚入饌來。」初視亦爲實境之敍述。然上句暗用孝子孟宗哭竹生筍事；下句暗用孝子姜詩舍宅每旦出雙鯉魚佐饌之事。凡此不明言其人其事，是爲暗用也。三曰反用：如王維送丘爲落第歸江東云：「知禰不能薦，羞稱獻納臣。」乃反用孔融薦禰衡事是也。

第六篇　律詩之題材研究

律詩之題材，甚是廣泛。大則世事、國事；小則家事、個人之瑣事。上則天文星辰；下則地理微物等皆可入詩，亦均可爲詩之題材。蓋詩人勤於搜覽，命題之廣，無所不包也。王原叔分門集註杜工部詩有月門、星河門、雨雪門、雲雷門、四時門、節序門、千秋節門、晝夜門、夢門、山岳門、江河門、陂池門、溪潭門、都邑門、樓閣門、登眺門、亭榭門、宮殿門、宮詞門、省宇門、陵廟門、居室門、鄰里門、寄題門、田圃門、仙道門、隱逸門、釋老門、寺觀門、皇族門、世胄門、宗族門、外族門、婚姻門、園林門、果實門、池沼門、舟楫門、梁橋門、燕飲門、紀行門、述懷門、疾病門、懷古門、古跡門、時事門、邊塞門、將帥門、軍旅門、文章門、書畫門、音樂門、器用門、食物門、投贈門、簡寄門、懷舊門、尋訪門、酬答門、惠貺門、送別門、慶賀門、傷悼門、鳥門、獸門、蟲門、魚門、花門、草門、竹門、木門、雜賦門等七十二類。除邊塞門外，各門均有律詩。宋紫陽方虛谷編選之瀛奎律髓共分律詩爲登覽類、朝省類、懷古類、風土類、宦情類、風懷類、宴集類、老壽類、春日類、夏日類、秋日類、冬日類、晨朝類、暮夜類、節序類、晴雨類、茶類、酒類、梅花類、雪類、月類、閒適類、送別類、拗字類、變體類、着題類、陵廟類、旅況類、邊塞類、宮閫類、忠憤類、山巖類、川泉類、庭宇類、論詩類、技藝類、遠外類、消遣類、兄弟類、子息類、寄贈類、遷謫類、疾病類、感舊類、俠少類、釋梵類、僊逸類、傷悼類等。方虛谷雖分律詩題材僅四十九類，而實包杜甫之七十餘類題材。只其分類有寬細之別故耳。

上二書之分類，似嫌繁碎，竊以爲律詩之題材分類，應就其內容之所重而分爲：抒情類、寫景類、詠物類、詠史類等四種已足。抒情類以情爲主、寫景類以景爲主、詠物類以物爲主、詠史類以人事爲主。然此四類亦强爲之分耳。大凡一詩之中以情景兼者爲多。或抒情以見景、或寫景以寓情，實難分割；於詠物詠史，亦何莫不然。茲就此四類，畧舉律詩數首以明之。

第一章　抒情詩

人心至靈，或感物而動，或感事而動，或感人而動，或感時而動，或感景而動。蓋人有生離死別，志有屈伸得失，時有治亂安危，景有雄渾幽寂，凡此皆能與人之情性。或悲悽、或歡愉、或憂愁、或煩鬱、或怨恨、或懷想、或閒適等之情，皆不免對境而生。故情蓄於中，而形之於外，此抒情詩之所爲作也。抒情詩須流露眞意，出於肺腑，扣人心絃，感人至深，方臻妙境。

第一節　五律例

△旅夜書懷　　杜　甫

細草微風岸，危檣獨夜舟。星垂平野闊，月湧大江流。名豈文章著，官應老病休。飄飄何所似，天地一沙鷗。

案：此爲感懷之詩。臨景抒懷，感慨不遇。

△臨洞庭上張丞相　　孟浩然

八月湖水平，涵虛混太清。氣蒸雲夢澤，波撼岳陽城。欲濟無舟楫，端居恥聖明。坐觀垂釣者，徒有羨魚情。

案：此首爲感懷之詩。隱寄求祿，以償素志。

△春望　杜甫

國破山河在，城春草木深。感時花濺淚，恨別鳥驚心。

烽火連三月，家書抵萬金。白頭搔更短，渾欲不勝簪。

案：此首爲感懷之詩。傷時念亂，感慨萬千。

△早寒有懷　孟浩然

木落雁南度，北風江上寒。我家襄水曲，遙隔楚雲端。

鄉淚客中盡，孤帆天際看。迷津欲有問，平海夕漫漫。

案：此首爲懷鄉之詩。旅居鄉思，情致纏綿。

△春日懷李白　杜甫

白也詩無敵，飄然思不羣。清新庾開府，俊逸鮑參軍。

渭北春天樹，江東日暮雲。何時一尊酒，重與細論文。

案：此首爲懷人之詩。友情深摯，何時歡聚？

△中夜　杜甫

中夜江山靜，危樓望北辰。長爲萬里客，有愧百年身。

故國風雲氣，高堂戰伐塵。胡雛負恩澤，嗟爾太平人。

案：此首爲傷時之詩。觸目時亂，故國堪悲。

△送友人　李白

青山橫北郭，白水繞東城。此地一爲別，孤蓬萬里征。

浮雲遊子意，落日故人情。揮手自茲去，蕭蕭班馬鳴。

案：此首爲送別之詩。離別故人，眷眷依依。

△送李端　盧綸

故關衰草遍，離別正堪悲。路出寒雲外，人歸暮雪時。少孤爲客早，多難識君遲。掩泣空相向，風塵何所期。

案：此首爲送別之詩。相逢恨晚，別又忽忽，悲淚汪汪。

△沒蕃故人　張籍

前年戍月支，城下沒全師。蕃漢斷消息，此生長別離。無人收廢帳，歸馬識殘旗。欲祭疑君在，天涯哭此時。

案：此首爲哀悼之詩。情眞語摯，沈痛悲哀。

△達奚侍郎夫人寇氏輓歌　王維

女史悲彤管，夫人罷錦軒。卜塋占二室，行哭度千門。秋日光能澹，寒川波自翻。一朝成萬古，松柏暗平原。

案：此首爲哀輓之詩。一旦萬古，荒郊長眠，痛何如之。

△谷口書齋寄楊補闕　錢起

泉壑帶芳茨，雲霞生薜帷。竹憐新雨後，山愛夕陽時。閑鷺棲常早，秋花落更遲。家僮掃蘿徑，昨與故人期。

△贈崔秋浦　李白

吾愛崔秋浦，宛然陶令風。門前五楊柳，井上二梧桐。山鳥下廳事，檐花落酒中。懷君未忍去，惆悵意無窮。

案：此首爲酬贈之詩。愛懷之忱，極爲纏綿。

第二節　七律例

△送李少府貶峽中，王少府貶長沙　高適

嗟君此別意何如？駐馬銜杯問謫居。巫峽啼猿數行淚，衡陽歸雁幾封書。
青楓江上秋帆遠，白帝城邊古木疏。聖代卽今多雨露，暫時分手莫躊躇。

案：此首爲送別之詩。貶謫堪悲，勸慰情濃。

△送魏萬之京　李頎

朝聞遊子唱離歌，昨夜微霜初度河。鴻雁不堪愁裏聽，雲山況是客中過。
關城曙色催寒近，御苑砧聲向晚多。莫是長安行樂處，空令歲月任蹉跎。

案：此首爲送別之詩。勸勉之忱，懇摯殷切。

△九日齊安登高　杜牧

江涵秋影雁初飛，與客攜壺上翠微。塵世難逢開口笑，菊花須插滿頭歸。
但將酩酊酬佳節，不用登臨歎落暉。古往今來只如此，牛山何必淚霑衣。

案：此爲感懷之詩。登臨興悲，悲咽欲絕。

△登樓　杜甫

花近高樓傷客心，萬方多難此登臨。錦江春色來天地，玉壘浮雲變古今。
北極朝廷終不改，西山寇盜莫相侵。可憐後主還祠廟，日暮聊爲梁父吟。

案：此首爲感懷詩。撫時感事，無限悲悽。

△登高　杜甫

風急天高猿嘯哀，渚清沙白鳥飛迴。無邊落木蕭蕭下，不盡長江滾滾來。

萬里悲秋常作客，百年多病獨登臺。艱難苦恨繁霜鬢，潦倒新停濁酒杯。

案：此首為感懷之詩。沈鬱悲涼，無限惆悵。

△黃鶴樓　崔顥

昔人已乘黃鶴去，此地空餘黃鶴樓。黃鶴一去不復返，白雲千載空悠悠。
晴川歷歷漢陽樹，芳草萋萋鸚鵡洲。日暮鄉關何處是，煙波江上使人愁。

案：此首為懷鄉之詩。憑樓遠眺，掀起鄉愁。

△自河南經亂，關內阻饑，兄弟離散，各在一處，因望月有感，聊書所懷，寄上浮梁大兄、於潛七兄、烏江十五兄、兼示符離及下邽弟妹　白居易

時難年荒世業空，弟兄羈旅各西東。田園寥落干戈後，骨肉流離道路中。
弔影分為千里雁，辭根散作九秋蓬。共看明月應垂淚，一夜鄉心五處同。

案：此首為懷人之詩。兄弟至情，亂離深思。

△閣夜　杜甫

歲暮陰陽催短景，天涯霜雪霽寒宵。五更鼓角聲悲壯，三峽星河影動搖。
野哭幾家聞戰伐，夷歌數處起漁樵。臥龍躍馬終黃土，人事音書漫寂寥。

案：此首為傷時之詩。戰亂未平，時局堪傷。

△遣悲懷　元稹

謝公最小偏憐女，自嫁黔婁百事乖。顧我無衣搜藎篋，泥他沽酒拔金釵。
野蔬充膳甘長藿，落葉添薪仰古槐。今日俸錢過十萬，與君營奠復營齋。

案：此首為哀悼之詩。夫妻情深，一旦永訣，奠齋之祭，悽然淚下。

△遣悲懷　元稹

閒坐悲君亦自悲，百年都是幾多時？鄧攸無子尋知命，潘岳悼亡猶費詞。同穴窅冥何所望？他生緣會更難期。唯將終夜常開眼，報答平生未展眉。

案：此首亦爲哀悼之詩。命也爲之，謂之奈何，不禁哀傷。

△寄李儋元錫　韋應物

去年花裏逢君別，今日花開又一年。世事茫茫難自料，春愁黯黯獨成眠。身多疾病思田里，邑有流亡愧俸錢。聞道欲來相問訊，西樓望月幾回圓。

案：此爲寄贈之詩。友朋情篤，別離難逢，思己思人，情溢乎詞。

第二章　寫景詩

山巒川流，郊野田園，城郭原林，雲霞日月之景色，有幽閒寂靜者，有渾雄壯闊者，有潔淨清雅者，有繁盛綺麗者，景象萬千。詩人極目周遭，觸景生情，因情造景，情景交融，心境合一，此景詩之所爲作也。其作之法，或遠或近，或大或小，或天或地，或高或低，或言其壯，或繪其麗，或狀其動，或形其靜，或況其清，或說其盛，錯綜雜施，運用之妙，存乎一心。必使狀難狀之景，如在目前，始臻絕妙。

第一節　五律例

△終南山　王　維

太乙近天都，連山到海隅。白雲迴望合，靑靄入看無。分野中峯變，陰晴衆壑殊。欲投人處宿，隔水問樵夫。

案：此首爲登覽之詩。近天都言其高，到海隅言其遠，分野陰晴言其大也。四十字中無所不包。

△過香積寺　王　維

不知香積寺，數里入雲峯。古木無人徑，深山何處鐘。
泉聲咽危石，日色冷青松。薄暮空潭曲，安禪制毒龍。

案：此首爲遊覽之詩。首句言隱、二句言高、三句言幽、四句言靜、五句言動、六句言清、七句言靜、八句言寧。

△闕題　王　維

道由白雲盡，春與青溪長。時有落花至，遠隨流水香。
閒門向山路，深柳讀書堂。幽映每白日，清輝照衣裳。

案：全詩在幽靜清遠間。

△題大禹寺義公山房　孟浩然

義公習禪處，結宇依空林。戶外一峯秀，階前衆壑深。
夕陽連雨足，空翠落庭陰。看取蓮花淨，方知不染心。

案：此爲題壁之詩。山房依林，峯秀壑深，蓮淨不染，幽絕清絕。

第二節　七律例

△積雨輞川莊作　王　維

積雨空林烟火遲，蒸藜炊黍餉東菑，漠漠水田飛白鷺，陰陰夏木囀黃鸝。
山中習靜觀朝槿，松下淸齋折露葵。野老與人爭席罷，海鷗何事更相疑。

案：此首爲遊覽之詩。首句言遠，二句言近，三四句靜中有動。

△黃鶴樓　崔顥

昔人已乘黃鶴去，此地空餘黃鶴樓。黃鶴一去不復返，白雲千載空悠悠。

晴川歷歷漢陽樹，芳草萋萋鸚鵡洲。日暮鄉關何處是，煙波江上使人愁。

案：此首爲登覽之詩。首句言遠，二句言近，三四句言昔、五六句言今、七句言遠、八句言近。

△秋興八首之一　杜甫

玉露凋傷楓樹林，巫山巫峽氣蕭森。江間波浪兼天湧，塞上風雲接地陰。

叢菊兩開他日淚，孤舟一繫故園心。寒衣處處催刀尺，白帝城高急夜砧。

案：此首爲登覽之詩，凋楓蕭氣，江間塞上，一片秋色。

△題寶鷄縣斯飛閣　蘇軾

西南歸路遠蕭條，倚檻魂飛不可招。野闊牛羊同雁鶩，天長草樹接雲霄。

昏昏水氣浮山麓，汎汎春風弄麥苗。誰使愛官輕去國，此身無計老漁樵。

案：此首爲題壁詩。

第三章　詠物詩

天下之物盛多，或植物、或動物、或生物，無所不有。工具、飲食、建築、器物、服飾、花木草果、禽獸麟蟲等無所不包。人心至靈，感物而動。詩人體物興懷，故有詠物一體，以言物之德，狀物之態。進而託物以寄情，寫物以言志，此所詠物詩至多也。其法則有明詠、暗詠之別。

第一節　五律例

△在獄詠蟬　駱賓王

西陸蟬聲唱，南冠客思深。不堪玄鬢影，來對白頭吟。
露重飛難進，風多響易沉。無人信高潔，誰爲表予心。

△草　白居易

離離原上草，一歲一枯榮。野火燒不盡，春風吹又生。
遠芳侵古道，晴翠接荒城。又送王孫去，萋萋滿別情。

△筆　李嶠

握管門庭側，含毫山水隈。霜輝簡上發，藻彩夢中開。
鸚鵡摛文至，麒麟絕句來。何當遇良史，左右振奇才。

第二節　七律例

△酒　翁綬

逃暑迎春復送秋，無非綠蟻滿杯浮。百年莫惜千回醉，一盞能消萬古愁。
幾爲芳菲眠細草，曾因雨雪上高樓。平生名利關身者，不識狂歌到白頭。

△竹　鄭谷

宜烟宜雨又宜風，拂水藏邨復間松。移得蕭騷從遠寺，洗來疏侵見前峯。
侵堦蘚折春芽迸，繞徑莎微夏蔭濃。無賴杏花多意緒，數枝穿翠好相容。

△蘭　劉克莊

深林不語抱幽貞，賴有微風遞遠馨。開處何妨依蘚砌，折來未肯戀金瓶。
孤高可挹供詩卷，素淡堪移入臥屏。莫笑門無佳子弟，數枝濯濯映堦庭。

△紅梅　蘇軾

怕愁貪睡獨開遲，自恐冰容不入時。故作小紅桃杏色，尚餘孤瘦雪霜姿。
寒心未肯隨春態，酒暈無端上玉肌。詩老不知梅格在，但看綠葉與青枝。

第四章　懷古詠史詩

懷古詠史者，見古跡懷古事，臨古地思古人也。事有興盛衰靡，人有聖智奸愚。故懷古詠史之詩，或述昔時盛況、或嘆今日蕭條；山河依舊，人物全非，其嗟惜怨慕之情，不覺油油然興起。其要在有寄託、有議論，不可只平鋪直敘。

第一節　五律例

△蜀先主廟　劉禹錫

天地英雄氣，千秋尚凜然。勢分三足鼎，業復五銖錢。
得相能開國，生兒不象賢。凄涼蜀故妓，來舞魏宮前。

△與諸子登峴山　孟浩然

人事有代謝，往來成古今。江山留勝蹟，我輩復登臨。
水落魚梁淺，天寒夢澤深。羊公碑尚在，讀罷淚沾襟。

△經魯祭孔子而歎之　唐玄宗

夫子何爲者，栖栖一代中。地猶鄹氏邑，宅即魯王宮。
歎鳳嗟身否，傷麟怨道窮。今看兩楹奠，當與夢時同。

第二節　七律例

△蜀相　杜甫

丞相祠堂何處尋，錦官城外柏森森。映階碧草自春色，隔葉黃鸝空好音。
三顧頻煩天下計，兩朝開濟老臣心。出師未捷身先死，長使英雄淚滿襟。

△詠懷古跡　杜甫

諸葛大名垂宇宙，宗臣遺像肅清高。三分割據紆籌策，萬古雲霄一羽毛。
伯仲之間見伊呂，指揮若定失蕭曹。運移漢祚終難復，志決身殲軍務勞。

△咸陽懷古　劉滄

經過此地無窮事，一望淒然感廢興。渭水故都秦二世，咸陽秋草漢諸陵。
天空絕塞聞邊雁，葉盡孤村見夜燈。風景蒼蒼多少恨，寒山半出白雲層。

第七篇　律詩之風格研究

詩之風格，劉勰文心雕龍體性篇列有八體：典雅、遠奧、精約、顯附、繁縟、壯麗、新奇、輕靡等。唐僧皎然詩式亦列有十六體，風韻朗暢曰高、體格閒放曰逸、放詞正直曰貞、臨危不變曰忠、持操不改曰節、立性不放曰志、風情耿介曰氣、緣境不盡曰情、氣多含蓄曰思、詞溫而正曰體、檢束防閑曰誠、性情疎野曰閒、心迹曠誕曰達、傷甚曰悲、詞理悽切曰怪、立言盤泊曰意、體裁勁健曰力、意中之靜曰靜、意中之遠曰遠。唐司空圖二十四詩品亦為風格識，其二十四品為雄渾、沖澹、纖穠、沈著、高古、典雅、洗鍊、勁健、綺麗、自然、含蓄、豪放、精神、縝密、疎野、清奇、委曲、實境、悲慨、形容、超詣、飄逸、曠達、流動等。司空圖二十四品下，復各以四言之韻文十二句為之注解。司空圖之言，向為詩家品詩之瓌寶。明代尤侗艮齋續說曰：「司空圖在唐末不以詩名，而其詩品二十四則，深得詩家三昧。」

司空圖二十四詩品，自非專為律詩之風格而言。然律詩之風格亦在其中。惜其分類過詳，不免近似，且注釋韻語，多屬抽象比喻之詞，有時陳義過高，不易為尋常人所理解。竊意律詩之詞調風格，不必拘於一格，強作定評，要當錯綜變化，隨所適而評之，乃得其正。

律詩之風格，隨人而異、隨詩而異。一人有一人之獨特風格，一詩有一詩之獨特風格。茲就各人、各詩所表現之風格，畧評如下：

第一章　個人之風格

唐代為律詩之產生期，亦為律詩之特盛時期。其各人所為律詩，亦最特具風格：如沈佺期、宋之問之渾成；陳子昂之簡老；杜審言之渾厚；張九齡之高華；王維之恬靜；孟浩然之清遠；儲光羲之眞樸；高適之曠達、岑參之悲壯；李頎之秀拔；常建之超凡；元結之奧曲；李白之飄逸；杜甫之沈鬱又兼渾雄高古；韋應物之雅淡；劉長卿之閒曠；錢起之清瞻豪邁；皇甫冉、皇甫曾之沖秀；韓愈之雄奇；李賀之奧麗險怪，孟郊之清刻；張籍、盧仝之怪僻；賈島之寒瘦；杜牧之豪邁高爽；李商隱之隱晦；溫庭筠之綺麗……此其大較也。若王維五律尚有雄渾之風格，要以恬靜為宗；杜甫律詩無格不備，然以沈鬱為主也。

第二章　各詩之風格

律詩之風格，要其大別，約可分為五類：一曰雄壯豪邁類；二曰渾厚蘊蓄類；三曰幽澹閒逸類；四曰沉鬱悲慨類；五曰纖穠綺麗類。

第一節　雄壯豪邁之風格

壹、五律

△送劉司直赴安西　　王　維

絕域陽關道，胡沙與塞塵。三春時有雁，萬里少行人。苜蓿隨天馬，蒲桃逐漢臣。當令國外懼，不敢覓和親。

△塞下曲　　李　白

五月天山雪，無光祗有寒。笛中聞折柳，春色未曾看。

曉戰隨金鼓，宵眠抱玉鞍。願將腰下劍，直爲斬樓蘭。

貳、七律

△上將行　耿湋

蕭關掃定犬羊羣，閉閣層城白日曛。櫪上驊騮嘶鼓角，門前老將識風雲。
旌旗四面寒山暎，絲管千家靜夜聞。誰道古來多簡册，功臣唯有衞將軍。

△詠懷古迹　杜甫

諸葛大名垂宇宙，宗臣遺像肅淸高。三分割據紆籌策，萬古雲霄一羽毛。
伯仲之間見伊呂，指揮若定失蕭曹。運移漢祚終難復，志決身殲軍務勞。

第二節　渾厚蘊蓄之風格

△雜詩　沈佺期

聞道黃龍戍，頻年不解兵。可憐閨裏月，長在漢家營。
少婦今春意，良人昨夜情。誰能將旗鼓，一爲取龍城。

案：此詩哀而不怨。尾聯轉於企望。

△客亭　杜甫

秋窗猶曙色，落木更天風。日出寒山外，江流宿霧中。
聖朝無棄物，衰病已成翁。多少殘生事，飄零任轉蓬。

案：頸聯渾厚不激。

△旅夜書懷　杜甫

細草微風岸，危檣獨夜舟。星垂平野濶，月湧大江流。
名豈文章著，官應老病休。飄零何所似，天地一沙鷗。

案：頸聯立言謙和自抑。

△寄左省杜拾遺　　岑　參

聯步趨丹陛，分曹限紫微。曉隨天仗入，暮惹御香歸。
白髮悲花落，青雲羨鳥飛。聖朝無闕事，自覺諫書稀。

案：頸聯寓意深微，尾聯語尤委婉，憤而不露。

貳、七律

△酬郭給事　　王　維

洞門高閣靄餘暉，桃李陰陰柳絮飛。禁裏疏鐘官舍晚，省中啼鳥吏人稀。
晨搖玉佩趨金殿，夕奉天書拜瑣闈。强欲從君無那老，將因臥病解朝衣。

△送李少府貶峽中王少府貶長沙　　高　適

嗟君此別意何如，駐馬銜盃問謫居。巫峽啼猿數行淚，衡陽歸雁幾封書。
青楓江上秋帆遠，白帝城邊古木疏。聖代卽今多雨露，暫時分手莫躊躇。

△送魏萬之京　　李　頎

朝聞遊子唱驪歌，昨夜微霜初度河。鴻雁不堪愁裏聽，雲山況是客中過。
關城曙色催寒近，御苑砧聲向晚多。莫是長安行樂處，空令歲月易蹉跎。

第三節　幽澹閒逸之風格

壹、五律

△過故人莊　孟浩然

故人具鷄黍，邀我至田家。綠樹村邊合，青山郭外斜。
開軒面場圃，把酒話桑麻。待到重陽日，還來就菊花。

△題破山寺後禪院　常建

清晨入古寺，初日照高林。曲徑通幽處，禪房花木深。
山光悅鳥性，潭影空人心。萬籟此俱寂，惟聞鐘磬音。

△歸嵩山作　王維

晴川帶長薄，車馬去閑閑。流水如有意，暮禽相與還。
荒城臨古渡，落日滿秋山。迢遞嵩高下，歸來且閉關。

△贈孟浩然　李白

吾愛孟夫子，風流天下聞。紅顏棄軒冕，白首臥松雲。
醉月頻中聖，迷花不事君。高山安可仰，徒此挹清芬。

貳、七律

△秋山中作　王維

無才不敢累明時，思向東谿守故籬。豈厭尙平婚嫁早，却嫌陶令去官遲。
草間蛩響臨秋急，山裏蟬聲薄暮悲。寂寞柴門人不到，空林獨與白雲期。

△積雨輞川莊作　王維

積雨空林煙火遲，蒸藜炊黍餉東菑。漠漠水田飛白鷺，陰陰夏木囀黃鸝。
山中習靜觀朝槿，松下清齋折露葵。野老與人爭席罷，海鷗何事更相疑。

△客至　杜甫

舍南舍北皆春水，但見羣鷗日日來。花徑不曾緣客掃，蓬門今始為君開。
盤飧市遠無兼味，樽酒家貧只舊醅。肯與鄰翁相對飲，隔籬呼取盡餘杯。

△田家即事　儲光羲

桑柘悠悠水蘸隄，晚風晴景不妨犂。高機猶織臥蠶子，下坂饑逢餉饁妻。
杏色滿林羊酪熟，麥涼浮壠雉媒低。生時樂死皆由命，事在皇天志不迷。

△遊湖山寺　張說

空山寂歷道心生，虛谷超遙野鳥聲。禪室從來塵外賞，香臺豈是世中情。
雲間東嶺千重出，樹裏南湖一片明。若使巢由知此意，不將蘿薜易簪纓。

第四節　沉鬱悲慨之風格

壹、五律

△賦得妾薄命　杜審言

草綠長門掩，苔青永巷幽。寵移新愛奪，淚落故情留。
啼鳥驚殘夢，飛花攪獨愁。自憐春色罷，團扇復迎秋。

△春望　杜甫

國破山河在，城春草木深。感此花濺淚，恨別鳥驚心。
烽火連三月，家書抵萬金。白頭搔更短，渾欲不勝簪。

△遣興　杜甫

干戈猶未定，弟妹各何之。拭淚霑襟血，梳頭滿面絲。
地卑荒野大，天遠暮江遲。衰疾那能久，應無見汝期。

△雲陽館與韓紳宿別　　司空曙

故人江海別，幾度隔山川。乍見翻疑夢，相悲各問年。
孤燈寒照雨，深竹暗浮煙。更有來朝恨，離杯惜共傳。

貳、七律

△遙同杜員外審言過嶺　　沈佺期

天長地濶嶺頭分，去國離家見白雲。洛浦風光何所似，崇山瘴癘不堪聞。
南浮漲海人何處，北望衡陽雁幾羣。兩地江山萬餘里，何時重謁聖明君。

△送韓十四江東省覲　　杜甫

兵戈不見老萊衣，太息人間萬事非。我已無家尋弟妹，君今何處訪庭闈。
黃牛峽靜灘聲轉，白馬江寒樹影稀。此別應須各努力，故鄉猶恐未同歸。

△過賈誼宅　　劉長卿

三年謫宦此棲遲，萬古惟留楚客悲。秋草獨尋人去後，寒林空見日斜時。
漢文有道恩猶薄，湘水無情弔豈知。寂寂江山遙落處，憐君何事到天涯。

△左遷至藍關示姪孫湘　　韓愈

一封朝奏九重天，夕貶潮陽路八千。欲爲聖朝除弊事，肯將衰朽惜殘年。
雲橫秦嶺家何在，雪擁藍關馬不前。知汝遠來應有意，好收吾骨瘴江邊。

第五節　纖穠綺麗之風格

壹、五律

△題從叔沆林園　李端

阮宅閒園暮，窗中見樹陰。樵歌依遠草，僧語過長林。
鳥哢花間曲，人彈竹裏琴。自嫌身未老，已有住山心。

△詠鐙花同侯十一　韓愈

今夕知何夕，花然錦帳中。自能當雪暖，那肯待春紅。
黃裏排金粟，釵頭綴玉蟲。更煩將喜事，來報主人公。

△春日野行　温庭筠

騎馬踏煙莎，青春奈怨何！蝶翎朝粉盡，鴉背夕陽多。
柳艷欺芳帶，山愁縈翠蛾。別情無處說，方寸是星河。

貳、七律

△除夜有懷　孟浩然

五更鐘漏欲相催，四氣推遷往復回。帳裏殘燈纔去焰，爐中香氣盡成灰。
漸看春逼芙蓉枕，頓覺寒銷竹葉杯。守歲家家應未臥，相思那得夢魂來。

△無題　李商隱

鳳尾香羅薄幾重，碧文圓頂夜深縫。扇裁月魄羞難掩，車走雷聲語未通。
曾是寂寥金燼暗，斷無消息石榴紅。斑騅只繫垂楊岸，何處西南待好風。

△春雨　李商隱

悵臥新春白袷衣，白門寥落意多違。紅樓隔雨相望冷，珠箔飄燈獨自歸。
遠路應悲春晼晚，殘宵猶得夢依稀。玉璫緘札何由達，萬里雲羅一雁飛。

△聖女祠　　李商隱

松篁臺殿蕙香幃，龍護瑤窗鳳掩扉。無質易迷三里霧，不寒長著五銖衣。人間定有崔羅什，天上應無劉武威。寄問釵頭雙白燕，每朝珠館幾時歸。

△池塘七夕　　温庭筠

月出西南露氣秋，綺寮河漢在鉞樓。楊家繡作鴛鴦幔，張氏金爲翡翠鉤。銀燭有光妨宿燕，畫屛無睡待牽牛。萬家砧杵三篙水，一夕横塘是舊游。

第八篇　排律之研究

第一章　總論

排律之名，出自高棅唐詩品彙。排律者，排比聲律，謂排偶櫛比，聲和律整也。亦卽就四韻八句律詩之聲律、韻律、對仗之規則，將篇幅引而長之，使成五韻至百韻以上之詩也。以其篇幅較四韻八句爲長，故又謂之「長排」。

排律之體，導源於六朝，如庾丹之秋閨有望詩，沈君攸之暮動弦歌，實爲排律之濫觴。

△秋閨有望詩

||——|　——||—　　|—|||　—||——
耿耿横天漢，飄飄出岫雲（文）。月斜樹倒影，風至水迴文。（文）

||——|　|——|—　　—||——　|||——
已泣機中婦，復悲堂上君（文）。羅襦曉長髮，翠被夜徒薰。（文）

—|——|　—————　　|—|||　———|—
空汲銀牀井，誰縫金縷裙（文）。所思竟不至，空持淸夜分。（文）

△暮動絃歌　沈君攸

||||——|　|——||——
柳谷向晚沈餘日，蕙樓臨砌徙斜光。（陽）

—|||——|　—|——||—
金戶半入叢林影，蘭徑時移落蕊香。（陽）

—||———|　——|||——
壺傳　綺席，秦箏趙瑟響高堂。（陽）

|—||——|　—||||——
舞裾拂履喧珠佩，歌響出扇繞塵梁。（陽）

一一｜一一｜｜　一一｜一一｜一　　｜｜一一一｜｜　｜｜一｜一一一

雲邊雪飛絃柱促，留賓但須羅袖長。（陽）日暮歌鐘恒不倦，處處行樂為時康。（陽）

二詩對仗嚴整，全首押同一韻脚，但其中平仄未盡協律，故猶未能謂為排律創始。

唐初王勃、楊炯、盧照鄰、駱賓王、陳子昂、杜審言、沈佺期、宋之問諸人輩出，排律之製，漸臻成熟。而沈宋二氏辭藻工緻，體裁平整，句調精嚴，實為名家。沈氏答魑魅四十六韻為初唐最長之排律。盛唐之際，李白氣概宏偉、王維風神明秀，堪稱英傑；劉長卿，亦足稱踵武前賢。杜甫躍出，汪洋渾涵、瑰奇鴻麗，大篇鉅什，一變故方，開闔馳騁，氣象萬千，號稱排律大宗。施補華峴傭說詩曰：「五言長排，必以少陵為大宗。」李重華貞一齋詩說曰：「五言排律，至杜集觀止。」杜甫五言排律之善，固為世所共賛。而其七言排律，實亦創始之作。王世貞藝苑巵言曰：「七言排律，創自老杜。」蓋此體高、岑、元、白亦各擅勝場，白氏百韻滔滔，自堪名世，洎溫庭筠、李商隱以下唐音日漸零落矣。

第二章　排律之作法

五言排律為五言四韻律詩之延長，七言排律為七言四韻律詩之延長。故排律之作法，實與五七言四韻律詩之作法相同，僅韻數篇幅較為繁長耳。

第一節　排律之聲律

排律之平仄，以四韻之律詩為準據。唐代科場六韻十二句之排律，一、二句名為起聯，三、四句名為領聯，五、六句名為頸聯，七、八句名為腹聯，九、十句名為後聯，若意有未盡，則可補加二句或四句。末二句則名爲尾聯。

壹、六韻排律例

一、仄起式

春歸　　杜甫

一丨一一丨，一一丨丨一。
苔徑臨江竹，茅簷覆地花。——起聯。
丨一一丨丨，一丨丨一一。
別來頻甲子，歸到忽春華。——頷聯。
丨丨一一丨，一一丨丨一。
倚仗看孤石，傾壺就淺沙。——頸聯。
丨一一丨丨，一丨丨一一。
遠鷗浮水靜，輕燕受風斜。——腹聯。
丨丨一一丨，一一丨丨一。
世路雖多梗，吾生亦有涯。——後聯。
丨一一丨丨，丨丨丨一一。
此身醒復醉，乘與即爲家。——尾聯。

二、平起式

送李太守任上洛　　王維

一一一丨丨，丨丨丨一一。
商山包楚鄧，積翠靄沈沈。——起聯。
丨丨一一丨，一一丨丨一。
驛路飛泉灑，關門落照深。——頷聯。
丨一一丨丨，一丨丨一一。
野花開古戍，行客響空林。——頸聯。
丨丨一一丨，一一丨丨一。
板屋春多雨，山城晝欲陰。——腹聯。
一一一丨丨，丨丨丨一一。
丹泉通虢略，白羽抵荊岑。——後聯。
丨丨一一丨，一一丨丨一。
若見西山爽，應知黃綺心。——毛聯。

貳、八韻排律例

一、仄起式

贈蘇味道　　杜審言

丨丨一一丨，一一丨丨一。
北地寒應苦，南城戍不歸。——起聯。
一一丨一一，丨丨丨一一。
邊聲亂羌笛，朔氣捲戎衣。——頷聯。

||——|　——||—　　——|||　||——
雨雪關山暗，風霜草木稀。——頸聯。胡兵戰欲盡，漢卒尚重圍。——腹聯。

—|——|　——||—　　|——||　—||——
雲淨妖星落，秋高塞馬肥。——後聯。據鞍雄劍動，搖筆羽書飛。——補加。

—|——|　——||—　　———||　—||——
輿駕還京邑，朋遊滿帝畿。——補加。方期來獻凱，歌舞共春暉。——尾聯。

二、平起式

送盧少府赴延陵　　李頎

———||　—||——　　—|——|　———|—
聞君從宦所，何日府中趨？——起聯。遙指金陵縣，青山天一隅。——頷聯。

———||　|||——　　||——|　———|—
行人懷寸祿，小吏獻新圖。——頸聯。北固波濤險，南天風俗殊。——腹聯。

———||　|||——　　||——|　———|—
春江連橘柚，晚景媚菰蒲。——後聯。漠漠花生渚，亭亭雲過湖。——補加。

——|—|　|||——　　|———|　——||—
灘沙映春火，水霧斂檣烏。——補加。回首東門路，鄉書不可無。——尾聯。

綜觀上列四詩，可知排律之平仄，不外仄起式、平起式二譜：

壹、仄起式平仄譜

仄仄平平仄，平平仄仄平。——前聯。平平平仄仄，仄仄仄平平。——後聯。

貳、平起式平仄譜

平平平仄仄，仄仄仄平平。——前聯。仄仄平平仄，平平仄仄平。——後聯。

欲作排律時，任取其中一譜，反復使用，雖至百韻可也。首句若押韻時，可按四韻律詩之首句入韻平仄行之，其餘無須更動。

排律爲唐科擧之制，故平仄之規定非常嚴格，拗體亦甚少用。

排律之體製與整體古詩之體製畧同，蓋排律有對仗，古詩亦有對仗；欲辨明古詩或排律，除視其用韻有無通轉外，當先審其是否入律以爲斷。如杜甫之奉贈韋左丞丈二十二韻甚似排律而實爲古詩，依此卽可酌定。

第二節　排律之韻律

排律押韻限定甚嚴，必本諸韻書，無論長至數十韻或百韻，均須押同一韻脚。絕不可落韻或用古詩之通轉韻。故爲長篇排律，於選韻之時，當審察其韻之寬窄，以及適宜應用與否。若輕率用韻，則難以成篇。考姚鼎近體詩鈔中所錄二十韻以上之排律用韻有先、眞、支、虞、靑、蒸、齊、灰、陽、靑諸韻。以上各韻似較便於採用，足供參考，然亦不必視爲一成莫變也。

排律之韻數，大抵以用偶數韻爲原則，以用單數韻爲少見。蓋用偶數韻可於使用平仄譜時，成爲一整體之循環，以「平起」始，則以「仄收」終。以「仄起」始，則以「平收」終。若用單數韻則不能如此。偶數韻有六韻者，如杜甫之遣與是也；有八韻者，如杜甫之湖南送敬十使君適廣陵是也；有十韻者，如杜甫之奉送嚴公入朝十韻是也；有十二韻者，如杜甫之行次昭陵是也；有十六韻者，如杜甫之奉贈盧五丈參謀王居是也；有十八韻者，如杜甫奉贈蕭十二使君是也；有二十韻者，如杜甫之上韋左相二十韻是也；有二十四韻者，如元稹之酬段丞與諸秦流會宿弊居見贈是也；有三十韻者，如杜甫之秋日荊南述懷三十韻是也；有三十二韻者，如杜甫之風疾舟中伏枕書懷是也；有四十二韻者，如杜甫之大歷三年春白帝城放船出瞿唐峽久居夔府將適江陵漂泊有詩凡四十二韻是也；有四十八者，如沈佺期之答魑魅是也；有五十韻者，如杜甫之寄岳州賈司馬六丈巴州嚴八使君兩閣老五十韻是也；有百韻者，如杜甫之秋日夔府詠懷奉寄鄭監審李賓客之芳一百韻是也。唐代排律偶數韻者至多，不易枚舉。單數韻有五韻者如宋之問之始安秋日、楊炯之途中是也；有七韻者，如沈佺期之登瀛州南樓，盧照鄰之宿晉安寺是也；有九韻者，如王維之贈焦鍊師，駱賓王之四月八日題口級是也；有十一韻者，宋之問之雲門寺、駱賓王之詠懷是也；有十三韻者，如宋之問之入瀧洲江是也；有二十五韻者，如楊炯之和劉長史是也。初唐時代單韻排律較多。盛唐以後排律作家多宗法杜甫，考之杜集中無有單韻詩者，故後代作家俱以偶數韻為排律之正體。

第三節　排律之對仗

排律對仗之詞性，亦如五七律，名詞對名詞，代名詞對代名詞，形容詞對形容詞、動詞對動詞、副詞對副詞、連介詞對連介詞，是為對仗之大凡也。

排律對仗又較五七律為工整。故特工對之講求更為常見。如干支對、助詞對之例句等，於五七律中不可多睹，而於排律中則屢見不鮮。又如雙聲對、疊韻對、同義字對、反義字對、連綿字對等之使用，亦較五七律頻繁。而扇面對之運用亦較五七律為多。

排律之對仗之聯位，除尾聯可以不用對仗外，其餘各聯均必須講求對仗。雖首聯亦有不對仗者，然以對仗為正例也。

第四節　排律之章法

排律較四韻律詩更重章法，若排律無章法，則雖屬對工切，亦是強湊堆垛，支離破碎，了無意義矣。沈德潛說詩晬語曰：「長律所尚，在氣局嚴整，屬對工切，段落分明，而其要在開闔相生，不露鋪敘轉折過接之迹，使語排而忘其爲排，斯能事矣。」沈氏寥寥數語，實屬至論。施補華峴傭說詩曰：「五排篇幅短者，起筆可以突兀，篇幅長者，必將全篇通括總覽，以完整之筆出之。」又曰：「長篇必分段落，每段必用提頓以見起，用結束以見止。提頓結束，有明有暗，有重有輕。段落有長有短，參差錯落，以救方板。」施氏之論，排律之章法具矣。如杜甫之寄張十二山人彪三十韻云：

獨臥嵩陽客，三違潁水春。（首二句總覽全篇，艱難以下十五韻，皆三違潁水時之事；世祖以下十四韻，皆獨臥嵩陽時之事也。）艱難隨老母，慘淡向時人。謝氏尋山屐，陶公漉酒巾。羣凶彌宇宙，此物在風塵。（以上三韻，言羣凶爲難而遇山人）歷下辭姜被，關西得孟鄰。早通交契密，晚接道流新。靜者心多妙，先生藝絕倫，草書何太苦，詩興不無神。曹植休前輩，張芝更後身。數篇吟可老，一字買堪貧。（以上六韻，言初與山人相識，見其德藝之美也）將恐曾防寇，深潛託所親，寧聞倚門夕，盡力潔飧晨。疏懶爲名誤，驅馳喪我眞。索居猶寂寞，相遇益悲辛。流轉依邊徼，逢迎念席珍。時來故舊少，亂後別離頻。（以上六韻，言山人奉母避亂，而與已再遇也）世祖修高廟，文公賞從臣。高山猶入楚，渭水不離羣。存想靑龍秘，騎行白鹿馴。耕巖非谷口，結草卽河濱。肘後符應驗，囊中藥未陳。（以上五韻，言收京而山人遂歸嵩陽也）旅懷殊不愜，良覿渺無因。自古多悲恨，浮生有屈伸。此邦今尚武，何處且依仁？鼓角凌天籟，關山倚月輪。官場羅鎭磧，賊火近洮岷。蕭瑟論兵地，蒼茫鬥將辰。大軍多處所，餘孽尙紛綸！高興知籠鳥，斯文起獲麟，窮秋正搖落，廻首望松筠。（以上九韻，言已在秦州而思山人也）

第五節　五言排律與七言排律

排律有五言與七言二類。五言排律每句五字，而七言排律每句七字。其作法皆同於五七言四韻之律詩。

然七言排律實較五言排律之作爲少，以其較難故也，王世貞藝苑卮言曰：「七言排律，創自老杜。然亦不得佳。蓋七字爲句，束以聲偶，氣力已盡矣。又欲衍之使長，調高則難續而傷篇，調卑則易見而傷句。合璧猶可，貫珠益艱。」錢木庵唐音審體曰：「七言長律，唐人作者不多。以句長則體散。故傑作尤難。」李重華貞一齋詩說曰：「七言排律，唐人斷不多作。杜集僅三四首。緣七字詩得四韻，于律法更無遺憾。增至幾十韻，勢須流走和軟，方成片段，似此最易流入唱本腔調，縱復精工，有乖風雅。」數氏皆以七言排律較五言排律爲難。且以歷代七言排律之作較五言排律之作爲少，足資明證。故初學排律，當以六韻八韻之五言短篇入手，後及於長篇大幅。若七言排律，則雖不作可也。

第九篇　唐宋律詩作家及其作品之研究

第一章　唐代律詩作家及作品

律詩雖源起六朝，然體式未純，平仄欠諧，不爲創作。故論律詩作家，當自唐始。律詩創於唐，亦極盛於唐。作家亦必推三唐。吳訥文章辨體曰：「律詩始於唐，而其盛亦莫過於唐。考之唐初作者蓋鮮。中唐以後，若李太白、韋應物猶尚古多律少。至杜子美、王摩詰則古律相半。迨元和而降，則近體盛，而古作微矣。」且至晚唐許渾、方干，則全爲律詩之體，竟無一首古體。唐代律詩之盛，由斯可見。

第一節　唐代律詩作家彙評

壹、五　律

△方虛谷瀛奎律髓曰：「陳子昂、杜審言、宋之問、沈佺期，同時而皆精於律詩。孟浩然、李白、王維、賈至、高適、岑參、與杜甫同時，而律詩不出則已，出則亦足與杜甫相上下，唐詩一時之盛，有如此十一人偉哉！」

△宋犖漫堂說詩曰：「律詩盛於唐，而五言尤盛。神龍以後，陳（子昂）、杜（審言）、沈（佺期）、宋（之問）開其先，高（適）、岑（參）、王（維）、孟（浩然）諸家繼起，卓然名家。子美（杜甫）變化尤高，在牝牡驪黃之外。降而錢（起）、劉（長卿）、韋（應物）、郎（士元），清辭妙句，令人一唱三歎

。即晚唐刻畫景物之作，亦足怡閒情而發幽思。始信十子爲唐人絕調。」

△沈德潛唐詩別裁曰：「五言律陰鏗、何遜、庾信、徐陵，已開其體；唐人研揣聲勢，穩順體勢，其製大備。神龍（中宗年號），陳（子昂）、杜（審言）、沈（佺期）、宋（之問）如渾金璞玉，不須追琢，自饒名貴。開寶（玄宗年號）以來，李太白之穠麗，王摩詰（王維）、孟浩然之自得，分道揚鑣，並推極勝。杜少陵（杜甫）獨開生面，寓從横顛倒於整密中，故應超然拔萃，終唐之世，變態雖多，無有越諸家之範圍矣。」

△李重華貞一齋詩話曰：「五言律，杜老（杜甫）固屬聖境，而王（王維）、孟（孟浩然）確是正鋒。向後諸名家，竭盡心力，不能外此三家。前此則陳子昂、李太白亦佳，餘俱旁門小竅爾。」

△姚鼐今體詩鈔曰：「陳拾遺（陳子昂）、杜修文（杜審言）、沈（沈佺期）、宋（宋之問）、曲江（張九齡），此爲開元以前之傑。盛唐詩固無體不妙，而尤以五言律爲最；此體中又以王（王維）、孟（孟浩然）爲最，以禪家妙悟論詩者正在此耳。盛唐人禪也，太白則仙也，於律體中以飛動票姚之勢，運曠遠奇逸之思，此獨成一境者。杜公（杜甫）今體四十字中包涵萬象，不可謂少；數十韻百韻中，運棹變化，如龍蛇穿貫，往復如一線，不覺其多，讀五言至此，始無餘憾。中唐太歷諸賢，尤刻意於五律，其體實宗王孟，氣則弱矣，而韻猶存。貞元以下，又失其韻，其有警拔，蓋亦希矣。晚唐之才固愈衰，然五律有望見前人妙境者，轉賢於長慶諸公，此不可以時代限也。元微之（元稹）首推子美（杜甫）長律，然與香山（白居易）皆以多爲貴，精警缺焉，余盡不取；惟玉谿生（李商隱）乃畧有杜公遺響耳。」

△高步瀛學唐宋詩舉要曰：「自休文（沈約）論詩倡言詩病，子山（庾信）有作，音調益諧，逮至唐賢，遂成律體，拾遺（陳子昂）修文（杜審言）結體沈雄，延清（宋之問）雲卿（沈佺期）製句工麗，皆開元以前之傑也。盛唐以來，尤美不勝收，如王（王維）孟（孟浩然）之華妙精微，太白（李白）之票姚曠逸，皆能自闢蹊徑，啓我後人，而杜公（杜甫）涵蓋古今，包羅萬象，又非有唐一代所能限者；中唐以來，各

標風格，而氣已靡矣。姚惜抱（姚鼐）謂晚唐五律有望見前人妙境者，轉賢於長慶諸公，但就雋思警句而言耳，若精光浩氣則眇然不可復得。」

貳、七　律

△師友詩傳錄蕭亭曰：「七言律詩五言八句之變也。唐初始專此體，沈（沈佺期）宋（宋之問）精巧相尙，然六朝餘氣猶存，至盛唐聲調始遠，品格始高，如賈至、王維、岑參早朝倡和諸作，各臻其妙；李頎、高適皆足爲萬世法程；杜甫渾雄富麗，克集大成。天寶以還，錢（錢起）劉（劉長卿）並鳴；中唐作者尤多，韋應物，皇甫伯仲，以及大歷十才子接跡而起，敷詞益工，而氣或不逮。元和以後，律體屢變，其造意幽深，律切精密，有出常情之外，雖不足鳴大雅之林，亦可爲一唱三嘆。」

△沈德潛唐詩別裁曰：「七言律，初唐英華乍啓，門戶未開，不用意而自勝。後此摩詰（王維）東川（李頎）春容大雅。時崔司勳（崔顥）高散騎（高適）岑補闕（岑參）諸公，實爲同調；而大曆十子及劉賓客（劉禹錫）柳柳州（柳宗元），其紹述也，少陵（杜甫）胸次閎闊，議論開闢，一時盡掩諸家，而義山（李商隱）詠史，其餘響也。」

△李重華貞一齋詩話曰：「七言律古今所尙，李滄溟專取王摩詰（王維）。李東川（李頎）宗其說，豈能窮極變態，余謂七律法，至于子美（杜甫）而備，筆力亦至子美而極，後此如楊巨源、劉夢得（劉禹錫）甚有工夫，義山（李商隱）學杜最佳，法亦至細，善學人可借作梯級，末後陸魯望（陸龜蒙）自出變態，覺蒼翠逼人。」

△姚鼐今體詩鈔曰：「初唐諸君正以能變六朝爲佳，至盧家少婦一章，高振唐音，遠包古韻，此其神到之作，贈送諸篇，當取冠一朝矣！右丞（王維）七律能備三十二相，而意興超遠；有雖對榮觀，燕處超然之意。宜獨冠盛唐諸子。于鱗以東川（李頎）配之，此一人私好，非公論也。杜公（杜甫）七律，含天地之元氣，包古今之正變，不可以律縛，不可以盛唐限也。大歷才子以隨州（劉長卿）爲最，其餘諸賢，亦各有

風調，至於長慶，香山（白居易）以流易之體，極富贍之思，非獨俗士奪魄，亦使勝流傾心。然滑俗之病，遂至濫惡，後皆以太傅爲藉口矣，非愼取之，何以維雅正哉？玉谿生（李商隱）雖晚出，而才力實爲卓絕。七律佳者，幾欲遠追拾遺（陳子昂）；其次者尤足近掩劉（劉禹錫）白（白居易）。弟以矯敝滑易，用思太過，而僻晦之敝又生。要不可不謂詩中豪傑之士矣。唐末詩人，才力旣異於前，而習俗所移，又難振拔，故傑出益少，然亦未嘗無佳句也。」

△高步瀛學唐宋詩擧要曰：「七言今體昌於初唐，至盛唐而極，王摩詰（王維）意象超遠，詞語華妙，堪冠諸家。輔以東川（李頎），附以文房（劉長卿），堂堂乎一代宗師矣。至杜公五十六言，橫縱變化，直欲涵蓋宇宙，包括古今，又非唐代所能限，義山（李商隱）致堯（韓偓）繼軌於前，山后（黃庭堅）后山（陳師道）躡步於後，然皆得其一體。」

△趙翼甌北詩話曰：「就有唐而論，其始也卽用律，亦多絕句，而律詩猶少。故李太白集七律僅三首，孟浩然七律僅二首，尚不專以此見長也。自高（高適）岑（岑參）王（王維）杜（杜甫）等早朝諸作，敲金戛玉，研練精切，杜寄高岑詩所謂『遙知對屬忙』，可見是時求工律體也。格式旣定，更如一朝令甲，莫不就其範圍。然猶多寫景，而未及於指事、言情、引用典故。少陵（杜甫）以窮愁寂寞之身，藉詩遣日，於是七律益盡其變，不惟寫景，兼復言情；不惟言情，兼復使典。七律之蹊徑，至是益大開。其後劉長卿、李義山（李商隱）溫飛卿（溫庭筠）諸人愈工雕琢，盡其才於五十六字中，而七律遂爲高下通行之具，如日用飲食之不可離矣。」

△唐音審體曰：「七言律詩始於初唐咸亨上元間，至開寶而作者日出，少陵崛起，集漢魏六朝之大成，而融爲今體，實千古律詩之極則，同時諸家所作，旣不甚多，或對偶不能整齊或平仄不相黏綴，上下百餘年只少陵一人獨步而已，中唐律詩始盛，然元白號稱大家，皆以長篇擅勝，其於七言八句，竟似無意求工。錢劉諸公，以韻致自標，多作偏枯，格中二聯或二句直下，或四句直下，漸失莊重之體，義山繼起，入少陵之

室，而運以穠麗，盡態極姸。故昔人謂七言律詩莫工於晚唐。然自此作者愈多，詩道日壞，太抵組織工巧，風韻流麗，滑熟輕艷，千手雷同，若以義求之，其中竟無所有，世遂有開口便是七言律詩，其人可知矣之誚。非七言律詩不可作，亦作者不能挺拔自異也。以命意爲主，命意不凡，雖氣格不高，亦所不廢，意無可採，雖工弗爲。所謂寗爲有瑕玉，勿爲無瑕石，蓋必深知戒此，而後可言詩，願與未來學者共勉之。」

第二節　初唐律詩名家及作品

初唐時期由高祖武德元年（六一八）至玄宗先天元年（七一二）凡九十五年。此時期律詩名家有王勃、楊烱、盧照鄰、駱賓王、陳子昂、杜審言、李嶠、沈佺期、宋之問、劉眘虛、張九齡等。

沈宋詩十之四五爲應制之作。此種應制詩，多爲歌功頌德之用，無甚佳構可言。沈宋之所以於律詩得有席位者，非在其作品之內容與風格。而在其對仗格律等形式之講求。律詩自六朝醞釀與初唐之試作，至沈宋之手，宣告完成，試觀沈佺期之雜詩三首、被試出塞，與宋之問之渡吳江別王長史，途中寒食等五律詩；及沈佺期古意呈補闕喬知之，與宋之問之和趙員外桂陽橋遇佳人等七律（原詩見律詩之完成章）其平仄、押韻、對仗、八句程式等已無庸後人改易矣。且五言排律之體亦自沈宋而完成。（見排律篇）故沈佺期、宋之問爲律詩之完成者，實是確論。沈佺期之古意呈補闕喬之一首，沈德潛謂爲高振唐音，遠包古韻，是爲神到之作，當取冠於一朝。宋之問擅長五律，七律僅三首耳。沈佺期較擅長七律，今尚存十餘首。

初唐律詩作家除沈佺期、宋之問爲律詩之開國大功臣外。尙有王勃、楊烱、盧照鄰、駱賓王、陳子昂、杜審言、李嶠、張九齡等。唐初之四傑——王、楊、盧、駱等於律詩格律之試驗，功實不可沒。然時或拗澀，故未堪正始也；陳子昂五律結體沈雄，有簡老之風；杜審言詩集中五律占一半强，七律僅兩三首。五言排律二十韻、四十韻皆有，而和李大夫嗣眞奉使存撫河東四十韻一首，爲初唐五言排律之最長者；李嶠有律詩一百六十餘首，皆偏於詠物，張九齡位居宰輔，故五律時帶臺閣氣。要之，初唐律詩五律七律雖已由沈宋之手完成，然到底五律多而七律少。故初唐作家俱以作五律爲衆。

第三節　盛唐律詩名家及作品

盛唐時期由玄宗開元元年（七一三）至代宗永泰元年（七六五）凡五十三年。此時期律詩名家有王維、孟浩然、儲光羲、王昌齡、崔顥、李頎、高適、岑參、祖詠、綦毋潛、張謂、常建、王灣、賈至、元結、李白、杜甫等。盛唐律詩光耀萬丈，在其所表現之風格。

壹、王維（王右丞、王摩詰）

王維素閑音律，本學佛禪，性淡泊，又善畫。出則陪岐薛諸王及貴人遊，歸則饜飫輞川山林。故其所爲律詩，意與超俗，閒靜澹遠，毫無做作湊合之跡，元氣渾然，與杜甫沉鬱律詩，俱爲唐代詩學大宗，難分軒輊。沈德潛曰：「右丞五言律有二種，一種以淸遠勝，一種以雄渾勝，當分別觀之。」又曰：「右丞七言律風格最高，復饒遠韻，爲唐代正宗。」觀王維集中，其五律表現閒靜澹遠曠逸意與超俗者，如山居秋暝，終南別業，歸嵩山作、輞川閒居贈裴秀才廸，過感化寺曇興上人山居、登裴秀才廸小臺……等是也。表現雄渾者，如送劉司直赴安西、漢江臨汎、觀獵……等是也。

△中歲頗好道，晚家南山陲。興來每獨往，勝事空自知。
行到水窮處，坐看雲起時。偶然值林叟，談笑無還期。
（終南別業）

△不知香積寺，數里入雲峯。古木無人徑，深山何處鐘。
泉聲咽危石，日色冷靑松。薄暮空潭曲，安禪制毒龍。

（過香積寺）

△楚塞三湘接，荊門九派通。江流天地外，山色有無中。
郡邑浮前浦，波瀾動遠空。襄陽好風日，留醉與山翁。

（漢江臨汎）

△風勁角弓鳴，將軍獵渭城。草枯鷹眼疾，雪盡馬蹄輕。
忽過新豐市，還歸細柳營。回看射雕處，千里暮雲平。

（觀獵）

王維五律，固有雄渾者，然實以閒靜澹遠者居多。王維七律之作亦以閒靜澹遠者爲盛，如積雨輞川莊作，春日與裴廸過新昌里訪呂逸人不遇，酬郭給事………等是也。

△積雨空林煙火遲，蒸藜炊黍餉東菑。漠漠水田飛白鷺，陰陰夏木囀黃鸝。
山中習靜觀朝槿，松下清齋折露葵。野老與人爭席罷，海鷗何事更相疑。

（積雨輞川莊作）

△桃源一向絕風塵，柳市南頭訪隱淪。到門不敢題凡鳥，看竹何須問主人。
城上青山如屋裏，東家流水入西鄰。閉門著書多歲月，種松皆作老龍鱗。

（春日與裴廸過新昌里訪呂逸人不遇）

奉和聖製從蓬萊向興慶道中留春望之作應制一首，沈德潛謂是篇爲應制詩第一。其詩云：

△渭水自縈秦塞曲，黃山舊繞漢宮斜。鑾輿迥出千門柳，閣道廻看上苑花。
雲裏帝城雙鳳闕，雨中春樹萬人家。爲乘陽氣行時令，不是宸遊玩物華。

王維律詩多流連光景之作，詩中時有描摹景象之佳句，清麗雋永，自然天成，不假雕琢。東坡云：「味摩詰之詩，詩中有畫」其此之謂乎？如：

△明月松間照，清泉石上流。（山居秋暝）

△分野中峯變，陰晴衆壑殊。（終南山）

△泉聲咽危石，日色冷青松。（過香積寺）

△郡邑浮前浦，波瀾動遠空。（漢江臨汎）

△山中一夜雨，樹杪百重泉。（送梓州李使君）

△松風吹解帶，山月照彈琴。（酬張少府）

△鑾輿迥出千門柳，閣道廻看上苑花。（雨中春望應制）

△林下水聲喧笑語，巖間樹色隱房櫳。（敕借岐王九成宮避暑應制）

△漠漠水田飛白鷺，陰陰夏木囀黃鸝。（積雨輞川莊作）

△草色全經細雨濕，花枝欲動春風寒。（酬酒與裴迪）

王維山水佳句甚多，今僅擧數例以見一斑耳。

貳、孟浩然（孟襄陽）

孟浩然早年隱鹿門山，年四十熱中功名，乃遊京師，其臨洞庭上張丞相詩云：「八月湖水平，涵虛混太清。氣蒸雲夢澤，波撼岳陽城。欲濟無舟楫，端居恥聖明。坐觀垂釣者，徒有羨魚情。」其功名之念，瞭然可知。惜其應試不第。及玄宗幸王維寓時，浩然因從見帝，帝命誦其平日詩，浩然卽誦歲暮歸終南山：「北闕休上書，南山歸敝廬。不才明主棄，多病故人疎。白髮催年老，青陽逼歲除。永懷愁不寐，松月夜窗虛。」玄宗曰：「卿不求仕，朕何嘗棄卿，奈何誣我。」浩然遂被放還，其不偶如此。浩然既不得遇，難免滿懷侘傺。其留別王維詩云：「寂寂竟何待？朝朝空自歸。欲尋芳草去，惜與故人違。當路誰相假，知音世所稀。祇應守寂寞，還掩故園扉。」浩然欲仕不能，乃轉而寄情於山水，遍遊江南，西北名勝。晚年更歸隱山林。故其所爲詩，有似謝靈運，陶淵明之恬靜平淡風格。

△垂釣坐磐石，水清心亦閒。魚行潭樹下，猿掛島藤間。
游女昔解佩，傳聞至此山。求之不可得，沿月棹歌還。
（萬山潭作）

△武陵川路狹，前棹入花林。莫測幽源裏，仙家信幾深！
水廻青嶂合，雲度綠谿陰。坐聽閒猿嘯，彌清塵外心。
（武陵泛舟）

△敝廬在郭外，素產惟田園。左右林野曠，不聞朝市喧。
釣竿垂北澗，樵唱入南軒。書取幽棲事，將尋靜者論。
（澗南即事贈皎上人）

△故人具鷄黍，邀我至田家。綠樹村邊合，青山郭外斜。
開軒面場圃，把酒話桑麻。待到重陽日，還來就菊花。
（過故人莊）

孟浩然七律之作，僅春晴、除夜、登安陽城樓三首而已，故其所長專在五律也。

參、岑參、高適（岑嘉州、高常侍）

岑參爲律詩大作家。五律百七十首，五言排律十二首。觀其表現謙和之作風者，如

△聯步趨丹陛，分曹限紫微。曉隨天仗入，暮惹御香歸。
白髮悲花落，青雲羨鳥飛。聖朝無闕事，自覺諫書稀。
（寄左省拾遺）

△正月今欲半，陸渾花未開。出關見青草，春色正東來。
夫子且歸去，明時方愛才。還須及秋賦，莫即隱蒿萊。

（送杜佐下第歸陸渾別業）

其表現激壯之作風者。如

△詔出未央宮，登壇近總戎，上公周太保，副相漢司空。
弓抱關西月，旗翻渭北風，弟兄皆許國，天地荷成功。
（奉送李太保兼御使大夫充渭北節度使卽太尉光弼弟）

△白羽綠弓絃，年年只在邊。還家劍鋒盡，出塞馬蹄穿。
逐虜西踰海，平胡北到天。封侯應不遠，燕頷豈徒然？
（送張都尉東歸）

岑參五律寫景之作，時現清遠之風格。如

△高閣逼諸天，登臨近日邊。晴開萬井樹，愁看五陵煙。
檻外低秦嶺，窗中小渭川。早知清淨理，常欲奉金仙。
（登總持寺）

岑參七律凡十一首。和賈至舍人早朝大明宮之作，莊雅穠麗，正爲唐人律詩之正格。其詩云：

△雞鳴紫陌曙光寒，鶯囀皇州春色闌。金闕曉鐘開萬戶，玉階仙仗擁千官。花迎劍佩星初落，柳拂旌旗露未乾。獨有鳳凰池上客，陽春一曲和皆難。

而其首春渭城西郊呈藍田張二主簿，正道盡其恥微官，羞微祿，而嚮往山林樂趣之情懷。其詩云：

△廻風度雨渭城西，細草春花踏作泥。秦女峯頭雲未盡，胡公陂上日初低。愁窺白髮羞微祿，悔別青山憶舊谿！聞道輞川多勝事，玉壺春酒正堪攜。

此詩可與其五律初授官題高冠草堂前後相輝映，其詩云：

△三十始一命，宦情多欲闌。自憐無舊業，不敢恥微官。

澗水香樵路，山花醉藥闌。祗緣五斗米，辜負一漁竿。

高適與岑參律詩，難相軒輊。五律四十餘首，五言排律二十餘首，七律止六首耳。高適婉縟雖不及岑參，然勁遒之氣則過之。適達於仕宦，其詩如：

△謫去君無恨，閩中我舊過。大都秋雁少，只是夜猿多。
東路雲山合，南天瘴癘和。自當逢雨露，行矣愼風波。
（送鄭侍御謫閩中）

△嗟君此別意何知，駐馬銜盃問謫居。巫峽啼猿數行淚，衡陽歸雁幾封書。
青楓江上秋帆遠，白帝城邊古木疏。聖代即今多雨露，暫時分手莫躊躇。
（送李少府貶峽中王少府貶長沙）

肆、崔顥

崔顥之詩，原本不多，五七律詩亦極稀少，且平仄多有不合律格者。然其七律黃鶴樓及行經華陰二首，雄渾壯濶，實爲擅名之作。

△昔人已乘黃鶴去，此地空餘黃鶴樓。黃鶴一去不復返，白雲千載空悠悠。
晴川歷歷漢陽樹，芳草萋萋鸚鵡洲。日暮鄉關何處是，煙波江上使人愁。
（黃鶴樓）

△岧嶢太華俯咸京，天外三峯削不成，武帝祠前雲欲散，仙人掌上雨初晴。
河山北枕秦關險，驛路西連漢畤平，借問路旁名利客，何如此處學長生。
（行經華陰）

黃鶴樓詩氣象雄渾，格調高古。相傳李白過武昌，見崔顥此詩而嘆服，遂不復作。去而賦金陵鳳凰臺，宋嚴羽滄浪詩話更曰：「唐人言七律，當以崔顥黃鶴樓爲第一。」其於此詩之折服，由茲可見。

伍、李頎（李東川）

李頎律體幾可比於王維，雖氣體渾厚處，微不及，然意興超遠，則固相匹也。頎尤長於七律。翁方剛石洲詩話曰：「東川七律，杜公而外，有唐詩人莫與之京。」沈德潛唐詩別裁曰：「東川七律，故難與少陵比肩，然自是安和正聲。」故明代嘉隆諸子，奉爲圭臬也。

一、五　律

△秦川朝望迥，日出正東峯。遠近山河淨，逶迤城闕重。秋聲萬戶竹，寒色五陵松。客有歸歟歎，悽其霜霧濃。（望秦川）

△東園長新笋，映日復穿籬。迸出依青嶂，攢生伴綠池。色因林向背，行逐地高卑。但恐春將老，青青獨爾爲。（籬　筝）

二、七　律

△遠公遁跡廬山岑，開士幽居祇樹林。片石孤雲窺色相，清池皓月照禪心。指揮如意天花落，坐臥閒房春草深。此外俗塵都不染，惟餘元度得相尋。（題璿公山池）

△花宮仙梵遠微微，月隱高城鐘漏稀。夜動霜林驚落葉，曉聞天籟發清機。蕭條已入寒空靜，颯沓仍隨秋雨飛。始覺浮生無住著，頓令心地欲皈依。（宿瑩公禪房聞梵）

陸、李白

李白詩所重在古體，律詩非其所長。其詩集一千餘首中，五律僅七十餘首而已，而七律更僅二首耳。且其律詩亦頗多有不合律體之格律者，蓋白才氣豪邁，全以神運，自不屑束於格律對偶，而與雕繪者爭勝也。然正以其有豪邁之才氣，故其所爲律詩能有飛動馳騁之勢，曠遠奇逸之風，自不必以多爲貴也。如

△五月天山雪，無花祇有寒。笛中聞折柳，春色未曾看。
曉戰隨金鼓，宵眠抱玉鞍。願將腰下劍，直爲斬樓蘭。（塞下曲）

△塞虜乘秋下，天兵出漢家。將軍分虎竹，戰士臥龍沙。
邊月隨弓影，胡霜拂劍花。玉關殊未入，少婦莫長嗟。
（塞下曲）

李白除雄渾奔放之詩外，其心境平靜時，亦能有曠遠淡雅之作。如

△吾愛孟夫子，風流天下聞。紅顏棄軒冕，白首臥松雲。
醉月頻中聖，迷花不事君。高山安可仰，徒此揖清芬。
（贈孟浩然）

△犬吠水聲中，桃花帶雨濃。樹深時見鹿，溪午不聞鐘。
野竹分青靄，飛泉挂碧峯。無人知所云，愁倚兩三松。
（訪戴天山道士不遇）

李白七律之作僅送賀監四明應制，登金陵鳳凰臺二首而已。其登金陵鳳凰臺，清宗室恒仁月山詩話取爲唐律壓卷之作。詩云：

鳳凰臺上鳳凰遊，鳳去臺空江自流。吳宮花草埋幽徑，晉代衣冠成古丘。三山半落青天外，二水中分白鷺洲。總爲浮雲能蔽日，長安不見使人愁。

柒、杜甫（杜少陵、杜工部）

杜甫時值亂世，才高學博，又富鍛鍊精神。自云：「語不驚人死不休。」解悶詩亦云：「陶冶性靈在底

物？新詩改罷自長吟。孰知二謝能將事，頗學陰何苦用心。」其於詩句之苦鍊精神，昭昭可見。晚年尤刻意於詩律之講究。故又嘗自云：「晚節漸於詩律細。」其晚年諸作多爲律詩。甫以窮愁寂寞之身，藉詩遣日，益以鍛鍊之苦心。故於律詩之造詣特高。觀其所長蓋有數端：一曰對仗嚴整而流動，無有刻板餖飣之迹。二曰平仄合律，有時故用拗體，音節鏗鏘可誦。三曰體式俱備：五律、七律、五言排律、七言排律均有之。非他人之專攻一體或僅以一二體爲能，且五言排律長至百韻，爲向所未有，七言排律之體亦自杜甫而創。王世貞藝苑卮言曰：「七言排律，創自老杜。」雖杜甫所作七言排律不多，然其創作之功，不可沒也。四曰律詩領域及其效用，自杜甫而增擴，不僅可以寫景、抒情、述事、亦可詠史、論理矣。律體蹊徑，由是大開。五曰使事用典，妥切而自然，無生硬强湊跡象。六曰無論章法、句法、字法，均臻高妙。鍛鍊之工多也。七曰杜甫律詩最富，所表現風格亦最多，有雄渾豪邁之詩、有悲慨傷時之詩、有華艷侈麗之詩，亦有沖淡雅潔之詩……其風格表現之多，凌跨古今，而無與倫比者。八曰杜甫所爲律詩多至千餘首，篇幅最巨。九曰一題有數首之作。如秋興八首、秦州雜詩二十首、諸將五首等。杜甫律詩有此九長，超類拔萃，克集大成。謂之律聖，實非過譽。茲聊擧數人評語，以見此言之不謬。

△胡元瑞詩藪內編曰：「五言律體極盛於唐……唯工部（杜甫）諸作，氣象嵬峨，規模宏遠，當其神來。境詣錯綜幻化，不可端倪，千古以還一人而已。」

△沈德潛唐詩別裁曰：「杜詩近體，氣局闊大，使事典切，而人所不及處，尤其錯綜任意，寓變化于嚴整之中，斯足凌轢千古。」

△姚鼎近體詩鈔曰：「杜公今體四十字中，包涵萬象，不可謂少；數十韻百韻中，運棹變化，如龍蛇穿貫，往復如一線，不覺其多。讀五言至此，始無餘憾。」

△高步瀛學唐宋詩擧要引吳曰：「有唐一代以詩賦取士，故詩學極盛，而尤爭五律一體，人人皆以自負爭奇門勝。然眞能摶捖有氣勢，運棹自如者，王（維）孟（浩然）李（白）杜（甫）四家而已。至於悲壯蒼涼

沈鬱頓挫，使律詩勝境與長篇古體經史文字相頡頏，則杜公一人耳，餘三家皆不逮也。」又曰：「古詩自齊梁漸重聲病，遂流爲律，去古日遠，其格卑甚。雖有作者，莫能亢之，至杜公一以浩氣行之，開合陰陽，千變萬化，乃與六經楊馬同風，所以爲詩聖也。」

以上就杜甫五律及五言排律爲評也。

△沈德潛唐詩別裁曰：「杜七言律有不可及者四：學之博也、才之大也、氣之盛也、格之變也。五色藻績，八音和鳴，後人如何髣髴。」

△姚鼐今體詩鈔曰：「杜公七律含天地之元氣，包古今之正變，不可以律縛，亦不可以盛唐限者。」

△高步瀛學唐宋詩舉要引吳曰：「七律以老杜爲祖，極悲壯蒼涼沈鬱頓挫之妙，驚天拔地，可泣鬼神，前無古人，後無繼者，亙古絕今，一人而已。以前作者，雖高華朗潤，要未能搏擊自如，無足追配杜公者也。」

△黃子雲野鴻詩的曰：「杜之五律，三唐諸家，亦各有一二篇可企及。七律則上下千百年無與倫比。其意之精密，法之變化，句之沈雄，字之整鍊，氣之浩汗，神之搖曳，非一時筆舌所能罄。」

杜甫一出，使律詩得與古詩分庭抗禮，律詩之聲價日高，律詩之作者日衆。此其豐功偉績不可磨滅者也。杜律詩之佳構甚多。五律如春望之沈着，收京三首之一「汗馬」之英壯，遣興之沈鬱，旅夜書懷之雄渾，江上之激昂，孤雁之悽惋，登岳陽樓之凄然；七律如蜀相之雄健、客至之眞率、送韓十四江東省覲之沈鬱、聞官軍收河南河北之歡愉、登樓之雄渾、閣夜之平壯、登高之高渾，諸將五首中之「錦江春色」，秋興八首中之「玉露凋傷」、「昆明池水」、「蓬萊宮闕」詠懷古跡五首之「諸葛大名」、「羣山萬壑」等俱屬絕妙。實難於枚舉也。

第四節　中唐律詩名家及作品

中唐時期由代宗大歷元年（七六六）至文宗太和九年（八三五）凡七十一年。此時期律詩名家，首推劉長卿、韋應物。次爲大歷十才子。十才子之說頗爲紛紜，據唐書文藝傳之盧綸傳、江鄰幾雜志、嚴羽之滄浪詩話，胡光煒文學史講稿引管世銘讀雪山房唐詩鈔等所載，考其異同，則有劉長卿、錢起、韓翃、盧綸、司空曙、苗發、崔峒、耿湋、李嘉祐、李端、郎士元、李益、皇甫冉、皇甫曾、冷朝陽、吉中孚、夏侯審等凡十七人。傳聞雖然不一，要皆大歷之英傑也。大歷才子而後，韓愈、孟郊、賈島、盧仝、馬異、劉叉、皇甫湜、戴叔倫、白居易、元稹、劉禹錫、張籍、柳宗元、楊巨源、盧拱、李紳、王建、王涯、李賀等皆此時期名家。中唐爲律詩最盛行之時期，雖其風格難與盛唐比美，然無論五律、七律皆大爲昌行，篇什特富。盛唐以前詩人以作古詩爲主，兼及律詩。中唐而後之詩人，則有以律詩爲主，兼及古詩之態。

壹、劉長卿（劉文房、劉隨州）

劉長卿年齡較長於韋應物及大歷才子諸人。於開元天寶年間，已具盛名，本應列於盛唐，然昔人多歸之於中唐。其律詩多田園山水之作。風格不減於王維。如

△荒村帶返照，落葉亂紛紛。古路無行客，寒山獨見君。
野橋經雨斷，澗水向田分。不爲憐同病，何人到白雲。
（碧澗別墅喜皇甫侍御相訪）

△相思楚天外，夢寐楚猨吟。更落淮南葉。難爲江上心。
衡陽問人遠，湘水向君深。欲逐孤帆去，茫茫何處尋。
（逢郴州使因寄鄭協律）

△一路經行處，莓苔見屐痕。白雲依靜渚，芳草閉閑門。
過雨看松色，隨山到水源。溪花與禪意，相對亦忘言。
（經南溪常道士）

吳喬圍爐詩話曰：「隨州五言律詩，始收斂氣力，歸於自然，首尾一氣，宛如面語。」又曰：「劉長卿五律，勝于錢起。」觀上舉數詩，堪爲徵驗，秀絕、清絕，宛然王維之風。劉長卿七律，亦多佳作。如

△汀洲無浪復無烟，楚客相思益渺然。漢口夕陽斜度鳥。洞庭秋水遠連天。
孤城背嶺寒吹角，獨戍臨江夜泊船。賈誼上書憂漢室，長沙謫去古今憐。

（自夏口至鸚鵡洲夕望岳陽寄元中丞）

△三年謫宦此栖遲，萬古惟留楚客悲。秋草獨尋人去後，寒林空見日斜時。
漢文有道恩猶薄，湘水無情弔豈知。寂寂江山搖落處，憐君何事到天涯。

（長沙過賈誼宅）

貳、韋應物

韋應物性高潔，所至焚香掃地而坐。其律詩之風格，亦如其性，閒淡雅遠，人比之陶潛。如

△今朝郡齋冷，忽念山中客。澗庭束荆薪，歸來煮白石。
欲持一瓢酒，遠慰風月夕。落葉滿空山，何處尋行跡。

（寄全椒山中道士）

韋詩多詠自然，於自然之描繪，甚為工巧。其酬贈諸作，頗見情致。如

△楚江微雨裏，建業暮鐘時。漠漠帆來重，冥冥鳥去遲。
海門深不見，浦樹遠含滋。相送情無限，沾襟比散絲。

（賦得暮雨送李曹）

△去年花裏逢君別，今日花開又一年。世事茫茫難自料，春愁黯黯獨成眠。
身多疾病思田里，邑有流亡愧俸錢。聞道欲來相問訊，西樓望月幾回圓。

（寄李儋元錫）

參、錢起（錢仲文）

大歷年間，能詩者衆，為律詩之極盛時期，才子除劉長卿外，當先推錢起，錢起因試作湘靈鼓瑟詩而成

名，其詩云：

△善鼓雲和瑟，常聞帝子靈。馮夷空自舞，楚客不堪聽。
苦調淒金石，清音入杳冥。蒼梧來怨慕，白芷動芳馨。
流水傳瀟浦，悲風過洞庭，曲終人不見，江上數峯青。

錢起肆意於律詩之作，考錢仲文集錢考功集十卷中，其近體詩佔七卷之多。而近體詩中大多屬律體。觀其律詩，時現清贍之風格。如

△泉壑帶茅茨，雲霞生薜帷。竹憐新雨後，山愛夕陽時。
閒鷺栖常早，秋花落更遲。家人掃蘿徑，昨與故人期。
（谷口書齋寄楊補闕）

△誰知白雲裏，別有綠蘿春。苔繞溪邊徑，花深洞裏人。
逸妻看種藥，稚子伴垂綸。潁上逃堯者，何如此養眞。
（題溫處士山居）

△二月黃鸝飛上林，春城紫禁曉陰陰。長樂鐘聲花外盡。龍池柳色雨中深。
陽和不散窮途恨，霄漢常懸捧日心。獻賦十年猶未遇。羞將白髮對華簪。
（贈闕下裴舍人）

肆、白居易（白香山）

白居易壯年在朝，不甚用心於律詩，老年貶謫郊野，得與自然山水爲伍，始刻意於律詩。律詩之作近千首，其風格，以閑淡瀟洒柔婉清麗爲勝。用詞千錘百鍊，返歸自然，如隨口道出，毫無刻劃雕琢之痕。玆舉其詩如後，以供參考：

一、五律

△離離原上草，一歲一枯榮。野火燒不盡，春風吹又生。遠芳侵古道，晴翠接荒城。又送王孫去，萋萋滿別情。（草（又名）賦得古原送別）

△亂雪千花落，新絲兩鬢生。老除吳郡守，春別洛陽城。江上今重去，東城更一行，別花何用伴，勸酒有殘鶯。（除蘇州刺史別洛城東花）

△朱檻在空虛，涼風八月初。山形如峴首，江色似桐廬。佛寺乘舟入，人家枕水居。高亭仍有月，今夜宿何如。（百花亭）

二、七律

△五架三間新草堂，石階桂柱竹編牆。南簷納日多天暖，北戶迎風夏月涼。灑砌飛泉纔有點，拂窓斜竹不成行。來春更葺東廂屋，紙閣蘆簾著孟光。（香爐峯下卜居）

△銀臺金闕夕沈沈，獨宿相思在翰林。三五夜中新月色，二千里外故人心。渚宮東面煙波冷，洛殿西頭鐘漏深。猶恐清光不同見，江陵卑濕足秋陰。（對月憶元九）

△望海樓明照曙霞，護江堤白蹋晴沙。濤聲夜入伍員廟，柳色春藏蘇小家。紅袖織綾誇柿蔕，青旗沽酒趁梨花。誰開湖寺西南路，草綠裙腰一道斜。（杭州春望）

白居易詩七律較五律爲善，七律除上數首外，「南湖春望」、「春題湖上」、「錢唐湖春行」、「西湖晚歸同望孤山寺贈諸客」等亦均風神超妙。而「題岳陽樓」、「行次夏口先寄李大夫」二首，格律特爲森嚴。

白居易律詩可爲特別提出者，卽其排律之巨構。如「代書一百韻寄微之」，「渭村居一百韻」，「東南行一百韻」，「微之水夢遊春七十韻見寄，廣爲一百韻」，「赴忠州舟中示弟行簡五十韻」，「和微之投簡陽明洞五十韻」，「想東遊五十韻」，「蓬肅徵話長安遊舊五十韻」等，其他四十韻、三十韻之排律，更不可勝計，此不僅以多見長，實乃在於屬對精緊，使事嚴切，章法變化而有條理也。

伍、劉禹錫（劉夢得）

劉禹錫與白居易、元稹三人爲中唐之中興詩人，大歷才子，力求秀雅，競尚雕琢。盛唐雄健深厚之風格，已難復見，然中唐不至於步入晚唐之衰運者，幸賴三人之功也。劉禹錫律詩以西塞山懷古成名。其詩云：

△王濬樓船下益州，金陵王氣黯然收。千尋鐵鎖沉江底，一片降旛出石頭。
人世幾回傷往事，山形依舊枕寒流。從今四海爲家日，故壘蕭蕭蘆荻秋。

宋計敏夫唐詩紀事曰：「長慶中，元微之、劉夢得、韋楚客，同會樂天舍，論南朝興廢，各賦金陵懷古詩。劉滿引一杯，飲已，卽成曰：『王濬樓船下益州』云云。白公覽詩曰：『四人探驪龍，子先獲珠，所餘鱗爪何用耶。』于是罷唱。」其才思之敏銳，蓋可想見。餘如蜀先主廟句句精拔。再授連州至衡陽酬柳柳州贈別筆筆老健。

△天下英雄氣，千秋尙凛然。勢分三足鼎，業復五銖錢。
得相能開國，生兒不象賢。淒涼蜀故伎，來舞魏宮前。
（蜀先主廟）

△去國十年同赴召，渡湘千里又分歧。重臨事異黃丞相，三黜名慚柳士師。
歸目併隨回雁盡，愁腸正遇斷猿時。桂江東過連山下，相望長吟有所思。

（再授連州至衡陽酬柳柳州贈別）

沈德潛唐詩別裁曰：「大歷後，夢得高於文房，與白傅唱和，故稱劉白。夫劉以風格勝，白以近情勝。各自成家，不相肖也。」

第五節　晚唐律詩名家

晚唐時期由文宗開成元年（八三六）至昭宗天祐三年（九〇六），凡七十一年。此時期律詩名家有杜牧、許渾、李商隱、溫庭筠、馬戴、趙嘏、劉滄、李羣玉、李郢、方干、皮日休、陸龜蒙、韓偓、項斯、司空圖等。

晚唐詩人更刻意於律詩，尤着意於七律。至有全作律詩而無古詩之作家，如許渾、方干是也。於律詩之風格，晚唐幾乎有遠追盛唐之象。杜牧、李商隱均頗有杜甫之詩風。

壹、杜牧

杜牧善於爲律詩，尤擅長七律。曾國藩十八家詩鈔獨錄其七律。其詩豪邁激蕩處，可追盛唐杜甫，故世稱小杜，以別於杜甫。而綺艷處，則爲當時風尚。故其律詩無論風格與辭藻，均臻佳境。其綺艷者，如

△雨過一蟬噪，飄蕭松桂秋。青苔滿階砌，白鳥故遲留。暮靄生深樹，斜陽下小樓。誰知竹西路，歌吹是揚州。（題揚州禪智寺）

△雲光嵐彩四面合，柔柔垂柳十餘家。雉飛鹿過芳草遠，牛巷雞塒春日斜。秀眉老父對罇酒，蒨袖女兒簪野花。征車自念塵土計，惆悵溪邊書細沙。

△煖雲如紛草如茵，閒步長隄不見人。一嶺桃花紅錦𥜥。半溪山水碧羅新。

高枝百舌太欺鳥，帶葉梨花獨送香。仲蔚欲知何處在，苦吟林下避紅塵。

其表現豪邁之風格者，如

△天下無雙將，關西第一雄。授符黃石老，學劍白猿公，矯矯雲長勇，恂恂郤縠風。家呼小太尉，國號大梁公。半夜龍驤去，中原虎穴空。隴山兵十萬，嗣子握琱弓。

（題永崇西平王宅太尉愬院六韻）

△江涵秋影雁初飛，與客攜壺上翠微。塵世難逢開口笑，菊花須插滿頭歸。但將酩酊酬佳節，不用登臨歎落暉。古往今來只如此，牛山何必獨霑衣。

（九日齊山登高）

△捷書皆應睿謀期，十萬曾無一鏃遺。漢武慚誇朔方地，周宣休道太原師。威加塞外寒來早，恩入河源凍合遲。聽取滿城歌舞曲，涼州聲韻遠參差。

（今皇帝陛下一詔徵兵不日功集河湟諸郡次第歸降臣獲覩聖功輒獻歌詠）

△百感中來不自由，角聲孤起夕陽樓。碧山終日思無盡，芳草何年恨卽休。睫在眼前長不見，道非身外更何求。誰人得似張公子，千首詩輕萬戶侯。

（登池州九峯樓寄張祜）

△日暖泥融雪半消，行人芳草馬聲驕。九華山路雲遮寺，清弋江村柳拂橋。君意如鴻高的的，我心懸旆正搖搖。同來不得同歸去，故國逢春一寂寥。

（宣州送裴坦判官往舒州時牧欲赴官歸京）

貳、李商隱（李義山、玉谿生）

李商隱律詩於晚唐最爲大家。姚鼐今體詩鈔曰：「晚唐之才固愈衰，然五律有望見前人妙境者，轉賢於長慶諸公，此不可以時代限也，元微之首推子美長律，然與香山皆以多爲貴，精警缺焉，余盡不取。惟玉谿生（李商隱）乃畧有杜公遺響耳。」又曰：「玉谿生雖晚出，而才力實爲卓絕。七律佳者，幾欲遠追拾遺；其次者猶足近掩劉、白；第以用思太過，而僻晦之敝又生。要不可不謂之詩中豪傑士矣！」峴傭說詩曰：「義山（李商隱）七律，得於少陵者深，故穠麗之中，時帶沉鬱。如重有感，籌筆驛等篇，氣足神足，直登其堂入其室矣。飛卿華而不實，牧之俊而不雄，皆非此公敵手。」李重華貞一齋詩話曰：「義山學杜最佳，法亦至細，善學人可借作梯級。」李商隱律詩獨步一時，觀其所爲詩約有數長：一、音調鏗鏘，其律體絕少拗字、拗句者。二、對仗精嚴工整，銖兩悉稱，開闔靈活。三、風格沈鬱而帶纖麗。三長旣備，宜乎宋代西崑諸公奉爲師法也。惜其用典隱僻，寄託深遠，又乏命題，故詩常有難曉者，乃爲美中之不足也。玆錄其近於杜甫神髓之作數首於後：

△高閣客竟去，小園花亂飛。參差連曲陌，迢遞送斜暉。
腸斷未忍掃，眼穿仍欲歸。芳心向春盡，所得盡沾衣。

（落花）

△猿鳥猶疑畏簡書，風雲常爲護儲胥。徒命上將揮神筆，終見降王走傳車。
管樂有才眞不忝，關張無命欲何如。他年錦里經祠廟，梁父吟成恨有餘。

（籌筆驛）

△玉帳牙旗得上游，安危須共主君憂。竇融表已來關右，陶侃軍宜次石頭。
豈有蛟龍愁失水，更無鷹隼與高秋。晝號夜哭兼幽顯，早晚星關雪涕收。

（重有感）

△紫泉宮殿鎖煙霞，欲取蕪城作帝家。玉璽不緣歸日角，錦帆應是到天涯。
於今腐草無螢火，終古垂楊有暮鴉。地下若逢陳後主，豈宜重問後庭花。

（隋宮）

△望斷平時翠輦過，空聞子夜鬼悲歌。金輿不返傾城色，玉殿猶分下苑波。死憶華亭聲淚鶴，老憂王室泣銅駝。天荒地變心雖折，若比傷春意未多。（曲江）

△錦瑟無端五十絃，一絃一柱思華年。莊生曉夢迷蝴蝶，望帝春心託杜鵑。滄海月明珠有淚，藍田日暖玉生煙，此情可待成追憶，只是當時已惘然。（錦瑟）

商隱詩好用典事，蘊意奧晦。喜用人名，諷諭深遠。元遺山曰：「望帝春心託杜鵑，佳人錦瑟怨華年。詩家總愛西崑好，獨恨無人作鄭箋。」王士禎亦曰：「獺祭曾驚博學殫，一篇錦瑟解人難。千秋毛鄭功臣在，尚有彌天釋道安。」蓋商隱每有所作，必檢閱書册，左右鱗次，故有獺祭魚之稱。其律詩題材有書寫國亡家破之隱憂者，有慨歎權奸弄權之怨忿者，有感喟古人古事之諷刺者，有抒發戀愛悼亡之寄託者，有詠物之自況者。宜乎爲晚唐之一大家也。

第二章　宋代律詩作家及作品

第一節　總論

宋初之詩，王禹偁、徐鉉、徐鍇、李昉等學白居易詩之平易通俗，號稱白體；九僧（淮南惠崇，劍南希晝，金華保暹、南越文兆、天臺行肇、汝州簡長、青城惟鳳、江東宇昭、峨嵋懷古）及寇準、林逋、魏野、潘閬等皆學賈島之風格，諸人特喜五律，號稱晚唐體；眞宗朝楊億、劉筠、錢惟演、李宗諤、陳越、李維、劉隲、丁謂、刁衎、張詠、錢惟濟、任隨、舒雅、晁迥、崔遵度、薛映、劉秉等人，或居臺閣，或直史館，互相唱和，雍容和雅，詞取姸華，皆宗尚李商隱，號稱西崑體。楊億編西崑酬唱集，五七律凡二百四十七首，無一古體。惜其用典故太多，且多深僻，是爲缺陷；其後梅堯臣學唐人之平淡，歐陽修學韓愈、蘇舜欽矯正西崑體之弊；至熙寧（神宗）元祐間而臻極盛，王安石、蘇軾、黃庭堅、秦觀等爲此時之著者也，號稱元祐體；其前陳師道、潘大臨、謝逸、洪芻、饒節、祖可、徐俯、洪朋、林敏修、洪炎、汪革、李錞、韓駒、李彭、晁沖之、江端本、楊符、謝邁、夏倪、林敏功、潘大觀、何顗、王直方、善權、高荷等二十五人，號爲江西詩派；又其後呂本中、曾幾、陳與義、朱敦儒等亦江西派之流也；南宋尤袤、范成大，楊萬里、陸游四人最著；邵雍、周敦頤、張載、程顥、程頤、朱熹、陸九淵、呂祖謙、眞德秀、金履祥等詩帶道學氣號稱擊壤派；徐照、徐璣、翁卷、趙師秀俱工五律號稱永嘉四靈；宋末劉克莊、方岳、姜夔、戴復古等一百二十餘人號稱江湖派。

宋代律詩，幾追唐代，其作者已概如上述。而其中以王禹偁、楊億、梅堯臣、歐陽修、劉敞、王安石、蘇軾、黃庭堅、秦觀、賀鑄、陳師道、陳與義、曾幾、陸游、范成大、楊萬里等堪稱大家。中又以王安石、蘇軾、黃庭堅、陳師道、陳與義、陸游等爲宋代律詩之最有名作家。

第二節　各論

壹、王安石（王介甫、王半山）

王安石力矯西崑之弊。晚年喜李商隱詩，詩律尤爲精嚴，造語、用字、對仗等均甚謹鍊，無不巧運匠心，此其律詩之所長也。五律工密圓妥，佳構良多。晚歲尤刻意於七律之作。集中五律凡一百三十餘首，五言排律八首，七律凡三百六十餘首，七言排律則僅二首耳。其名作如

△不見驪塘路，茫然四十春。長爲異鄉客，每憶故時人。

水閲公三世，雲浮我一身。濠梁送歸處，握手但悲辛。

（送鄧監簿南歸）

△客思似楊柳，春風千萬條。更傾寒食淚，欲漲治城潮。巾髮雪爭出，鏡顏朱早凋。未知軒冕樂，但欲老漁樵。

（壬辰寒食）

△漢有洛陽子，少年明是非。所論多感慨，自信肯依違。死者若可作，今人誰與歸。應須蹈東海，不但涕沾衣。

（賈生）

△缺月昏昏夜未央，一燈明滅照秋牀。病身最覺風霜早，歸夢不知山水長。坐感歲時歌感慨，起看天地色淒涼。鳴蟬更亂行人耳，正抱疏桐葉半黃。

（葛溪驛）

△城上啼烏破寂寥，思君何處坐岧嶢。應須綠酒酬黃菊，何必紅裙弄紫簫。落木雲連秋水渡，亂山烟入夕陽橋。淵明久負東籬醉，猶分低心事折腰。

（九日登東山寄昌叔）

貳、蘇軾（蘇東坡、蘇子瞻）

李白清才逸氣，惜其不得於律詩發之。後世能以太白之才氣發揮於七律者，當推蘇軾。蘇軾志氣豪邁，人格奇偉。故其律詩表現豪放不羈之精神及雄奇之氣勢，汪洋灝瀚詭譎無常。能包韓愈李白之雄豪。逸氣高情，驅駕於萬象之上，故是宋詩之魁也。沈德潛曰：「蘇子瞻胸有洪爐，金銀鉛錫，皆歸鎔鑄，其筆之超曠，等於天馬脫羈，飛仙遊戲，窮極變幻，適如意中所欲出。」姚鼐曰：「東坡天才有不可思議處，其七律只用夢得香山格調，其妙處豈劉白所能望哉？」蘇軾又喜以文為詩，打破聲律儷偶之束縛。此亦以其才氣奔逸故也。其佳作如：

△馬上續殘夢，不知朝日昇。亂山橫翠嶂，落月淡孤燈。奔走煩郵吏，安閒媿老僧。再遊應眷眷，聊亦記吾曾。（太白山下早行至橫渠鎮書崇壽）

△鐘鼓江南岸，歸來夢自驚。浮雲世事改，孤月此心明。雨已傾盆落，詩乃翻水成。二江爭送客，木杪看橋橫。（次韻江晦叔）

△怕愁貪睡獨開遲，自恐冰容不入時。故作小紅桃杏色，尚餘孤瘦雪霜姿。寒心未肯隨春態，酒暈無端上玉肌。詩老不知梅格在，更看綠葉與青枝。（紅梅）

△霹靂收威暮雨開，獨憑欄檻倚崔嵬。垂天雌霓雲端下，快意雄風海上來。野老已歌豐歲語，除書欲放逐臣回。殘年飽飯東坡老，一壑能專萬事灰。（儋耳）

參、黃庭堅（黃魯直、黃山谷）

黃庭堅力斥晚唐之卑靡，學杜甫，愛陶潛及韓愈之作。以其詩才極高，能鎔會杜韓陶三家之長，予以變化，自創出「生新瘦硬之風格，瑰奇峭麗之美姿」，而為江西詩派之祖師。（案：江西詩派之說，發於呂本中，其作江西詩派圖。言陳師道以下二十五人，詩法相傳，而皆出於黃庭堅。）姚鼐近體詩鈔曰：「山谷刻意少陵，雖不能到，然其兀傲磊落之氣，足與古今作俗詩者，澡濯胸胃，導啓性靈。」方虛谷曰：「杜七律所以橫絕諸家，只是沈着頓挫，恣肆變化，陽開陰合，不可方物，山谷之學，專在此等處。」黃詩重在工力，講究詩法，隻字半句，俱不輕出。觀其七律登快閣一首云：「癡兒了却公家事，快閣東西倚晚晴。落木千山天遠大，澄江一道水分明。朱絃已爲佳人絕，靑眼聊爲美酒橫。萬里歸船弄長笛，此心吾與白鷗盟。」氣局宏大，聲韻鏗鏘，自出於杜律中之拗體而變化之者也。

拗體爲黃庭堅詩之一大特色，於句式方面。通常五律以上二下三之句式爲正例，七律以上四下三爲正例。黃氏五律却喜組成上三下二，或上一下四之句式；七律喜組成上三下四、上二下五之句式；於聲律方面，黃氏又喜用平仄交換之拗體，因倡單拗體（出句中平仄二字互換者），雙拗體（兩句中平仄二字對換者），吳體（大拗大救，於每對句之第五字以平聲諸轉也）等三式之法。茲就黃氏詩，擧例說明如下：

㈠單拗體

△孤城三日風吹雨，小市人家祗菜蔬。水遠山長雙屬玉，身閑心苦一春鉏。翁從旁舍來收網，我適臨川不羨魚。俛仰之間已陳迹，暮窗歸了讀殘書。

（池日風雨留三日）

㈡雙拗體

△桄榔筍白映玉箸，椰子酒清宜具觴。市井衣裘半夷夏，陰晴朝暮變炎涼。莫推月色共千里，不寄江南書一行，無賴笳聲上雲漢，曉來偏繞九廻腸。

（元明留別）

㈢吳體

△漢上思見龐德公，別來悲歡事無窮。聲名藉甚漫前日，鬢髮索然成老翁。家釀已隨刻漏下，園花更開三四紅，相逢不飲未爲得，聽取百鳥啼忽忽。

（次韻外舅師厚喜王正仲三丈奉詔相南兵回至襄陽捨驛馬就舟見過第一首）其佳作如：

△愛酒醉魂在，能言機事疎。平生幾兩屐，身後五車書。
物色看王會，勳勞在石渠。拔毛能濟世，端為謝楊朱。

（和答錢穆父詠猩猩毛筆）

△先枕驚先起，人家半夢中，聞鷄憑早晏，占斗辨西東。
轡濕知行露，衣單覺曉風，秋陽弄光影，忽吐半林紅。

（早行）

△佳節清明桃李笑，野田荒壠祇生愁。雷驚天地龍蛇蟄，雨足郊原草木柔。
人乞祭餘驕妾婦。士甘焚死不公侯。賢愚千載知誰是，滿眼蓬蒿共一丘。

（清明）

△我居北海君南海，寄雁傳書謝不能。桃李春風一杯酒，江湖夜雨十年燈。
持家但有四壁立，治病不蘄三折肱。想得讀書頭易白，隔溪猿哭瘴溪藤。

肆、陳師道（陳履常、陳後山、陳無己）

陳師道詩，學黃庭堅，以苦吟著稱，清紀昀陳後山詩鈔序曰：「五律蒼堅瘦勁，實追少陵；其間意僻語澀者，以往往自露本質。然胎息古人，得其神髓，而不掩其性情，此後山之所以善學杜也。七律嶔崎磊落，矯矯獨行；惟語太率而意太竭者，是其短。」此言於陳師道五七律之優弊之評，甚為肯綮，大抵師道之詩，絕句不如古體，古體不如律詩。而七律又不如五律，五律為其最工之體者也。茲舉其五七律數首於下，以供參考。

△綠暗連村柳，紅明委地花。畫梁初看燕，廢沼已鳴蛙。
鷗沒輕春水，舟橫着淺沙。相逢千歲語，猶說一枝花。

（登燕子樓）

△十載都城客，孤身冒百艱。一餓非死所，萬里有生還。
去國吾何意，歸田病不關。共看霜白鬢，似得半生閒。
（九月十三日出齊化門）

△巴蜀通歸使，妻孥且舊居。深知報消息，不忍問何如。
身健何妨遠，情親未肯疎。功名歎老病，淚盡數行書。
（寄川舅郭大夫）

△經時不出此同臨，小徑新摧草舊侵。欲傍江山看日落，不堪花鳥已春深。
來牛去馬中年眼，朗月清風萬里心。故著連峯當極目，同看幽徑遶雙林。
（和魏衍同登快哉亭）

△土山宛轉屈蒼龍，下有桀桀蓋世翁，萬木刺天元自直，叢篁侵道更須東。
百年富貴今誰見，一代功名託至公。少日袝頭期類我，暮年垂淚向西風。
（東山謁外大夫墓）

伍、陳與義（陳去非、陳簡齋）

陳與義詩雖宗蘇軾、黃庭堅。而實以老杜爲師。宋方回撰瀛奎律髓主江西派，而有一祖三宗之說。一祖者杜甫；三宗者黃庭堅、陳師道、陳與義。於陳氏之造詣頗爲推尊。觀陳氏律詩頗具雄渾悲壯之風格。其佳構如：

△斗粟淹吾駕，浮雲笑此生。有詩酬歲月，無夢到功名。
客裡逢歸雁，愁邊有亂鷹。楊花不解事，更作倚風輕。
（道中寒食）

△沙岸殘春雨，茅簷古鎮官。一時花帶淚，萬里客憑欄。

日晚薔薇重，樓高燕子寒。惜無陶謝手，盡日破憂端。

（雨）

△今年二月凍初融，睡起苕溪綠向東。客子光陰詩卷裡，杏花消息雨聲中。西菴禪伯還多病，北柵儒先只固窮。忽憶輕舟尋二子，綸巾鶴氅試春風。

（懷天經智老因以訪之）

陸、陸游（陸放翁、陸務觀）

宋南渡後之詩人，尤袤、楊萬里、范成大、陸游號稱四大家；尤詩平淡雋永，於律較勝；楊詩才力最健拔雄豪，間雜俚語，殊見天機。范詩追溯蘇黃，約以婉峭，自成一家。陸詩激壯悲涼，允稱四家中之最。姚鼐近體詩鈔曰：「放翁激發忠憤，橫極才力，上法子美，下攬子瞻，裁攬既富，變境亦多，其七律固爲南渡後一人。」沈德潛說詩晬語曰：「放翁七言律，隊對工整，使用淺貼，當時無與比埒。」趙翼甌北詩話曰：「放翁以律詩見長，名章俊句，疊見層出，使事必切，屬對必工，無意不搜，而不落纖巧；無語不新，而不事塗澤，實古來詩家所未見也。」數氏贊賞陸游，可謂備矣。蓋陸游一生精力，盡於七律，且遭國事憂患，其愛國之壯烈熱忱，急呼永嘆，適於律詩中表現而出，故其出語沈雄豪邁，激宕悲慨。實別具風格。翁方綱蘇齋叢書曰：「新城司寇論七律，于唐則數右丞、東川、少陵、義山；于宋則數放翁。」其言宜也。

陸游七律之作品，龔一齋詩話言之甚詳，其言曰：『放翁七律佳者頗多，然亦佳句耳，若通體渾成，不愧南渡稱首者，當精求之矣。如「地連秦雍川原壯，水下荆揚日夜流。」「時平壯士無功老，鄉遠征人有夢歸。」「諸公勉畫平戎策，投老深思看太平。」「一點烽傳散關信，兩行雁帶杜陵秋。」「三峽猿催清淚落，兩京梅旁戰塵開。」「今皇神武是周宣，誰賦南征北伐篇。」「十月風霜欺客枕，五更鼓角滿江天。」「細雨春蕪上林苑，頹垣夜月上陽宮。」「遠戍十年臨的博，壯圖萬里戰皋蘭」。「綠沈金鎖俱塵委，雪灑寒燈淚數行。」一「滎河溫洛帝王州，七十年來禾黍秋。」等，著句旣遒，全體亦警拔相稱，著忠憤所結，志至氣從，非復尋常意興，較之全集七律，數十之一耳。然論放翁七律者，必以此爲根本，乃知詩之大主腦，翁之眞力量。否則贊翁，而翁不願也。』茲擧陸游之七律佳構二首以明之。如

△蜀棧秦關歲月遒，今年乘興却東游。全家穩下黃牛峽，半醉來尋白鷺州。黯黯江雲瓜步雨，蕭蕭木葉石城秋。孤臣老抱憂時意，欲請遷都淚已流。

（登賞心亭）意沈着詞健拔

△鏡裡流年兩鬢殘，寸心自許尙如丹。衰遲罷試戎衣窄，悲憤猶爭寶劍寒。遠戍十年臨的博，壯圖萬里戰皋蘭。關河自古無窮事，誰料如今袖手看。

（書憤）沈鬱激宕